LA BIBLE
EN 15 RÉCITS

87, quai Panhard-et-Levassor – 75647 Paris Cedex 13
ISBN : 978-2-0812-4320-0

FRANÇOISE RACHMUHL

LA BIBLE EN 15 RÉCITS

Illustrations de Frédéric Sochard

Flammarion Jeunesse

Avant-propos

Importance de la Bible

Qui n'a entendu parler de la Bible, le livre le plus lu parmi tous les livres, imprimé pour la première fois par Gutenberg en 1455, traduit dans la plupart des langues, diffusé à près de vingt millions d'exemplaires dans le monde ?

C'est le livre sacré pour les deux grandes religions que sont le judaïsme – religion des juifs – et le christianisme – religion des chrétiens, qu'ils soient catholiques, protestants ou orthodoxes. La Bible joue aussi un rôle important pour l'islam – religion des musulmans.

Elle a profondément marqué, dans leurs mœurs et dans leur morale, les hommes établis autour du bassin méditerranéen et ceux du Moyen-Orient. Son influence s'est fait sentir sur tous les continents : outre l'Europe et l'Asie tout entière, l'Afrique, les Amériques, l'Océanie.

Elle a si bien inspiré les écrivains et les artistes qu'il est difficile de comprendre leurs œuvres si l'on n'a pas quelque connaissance en matière biblique.

Qu'est-ce que la Bible ?

Le mot « bible » vient du grec, « *biblia* » qui signifie « livres ». En effet la Bible réunit des livres de genres variés, récits, contes, proverbes, prières, poésies, traités de morale, prescriptions religieuses...

Ses auteurs, presque toujours des inconnus, sont d'époque et de style très différents, car la rédaction de la Bible s'est étendue sur plus de mille ans. Ils se sont d'abord appuyés sur des traditions orales et l'ordre dans lequel nous trouvons les textes aujourd'hui ne correspond pas à l'ordre chronologique dans lequel ils ont été écrits : ainsi, dans la Genèse, le premier récit de la création du monde date du VIe siècle avant Jésus-Christ ; il a été composé après le second récit, plus ancien (Xe siècle avant Jésus-Christ).

La Bible conte l'histoire du peuple d'Israël et de ses rapports avec Dieu – son dieu unique. Bien qu'elle nous fournisse des témoignages précieux sur des époques reculées, il est bien difficile de savoir si tous les événements qu'elle relate correspondent à des faits réels. Beaucoup s'apparentent à des légendes ou à des mythes et possèdent surtout une valeur symbolique, aux yeux des historiens et même aux yeux des croyants.

L'Ancien Testament

Le mot « testament » est tiré du latin « *testamentum* », qui veut dire « alliance ». Il s'agit dans l'Ancien Testament de la première alliance de Dieu avec Israël.

Suivant la manière de compter, l'Ancien Testament comprend 24 ou 39 livres, divisés en trois grands ensembles : le Pentateuque, les Prophètes, les autres écrits.

Les cinq premiers livres forment le Pentateuque (du grec « *penté* », 5). Ils contiennent la Genèse ou récit de la création du monde, puis l'histoire des Patriarches et la vie de Moïse. Les juifs les désignent sous le nom de « Torah » (« la Loi », en hébreu).

Les autres livres sont historiques, poétiques ou prophétiques. Ils ont tous été écrits en hébreu et traduits en grec au IIIe siècle avant Jésus-Christ : c'est la traduction des Septante qui, selon la tradition, serait l'œuvre de soixante-dix – septante – savants réunis en Égypte, à Alexandrie. Une autre traduction importante, comprenant aussi le Nouveau Testament, est celle que saint Jérôme a faite en latin – la Vulgate – beaucoup plus tard, au Ve siècle après Jésus-Christ. Enfin Martin Luther a entrepris au

XVIe siècle une traduction de la Bible en langue allemande, qui a été à l'origine de la Réforme et du protestantisme.

Pour les croyants juifs, seul l'Ancien Testament, dans sa majeure partie, est considéré comme le livre sacré.

Le Nouveau Testament

Le Nouveau Testament conte l'histoire de Jésus, sa mort et sa résurrection, puis comment la religion chrétienne se propage dans le bassin méditerranéen.

C'est la nouvelle alliance de Dieu, non seulement avec le peuple juif, mais avec tous les hommes.

Il comporte vingt-sept livres, rédigés en grec, par certains disciples de Jésus, qui ont suivi son enseignement au cours de sa vie ou l'ont adopté peu après sa mort.

Les quatre premiers livres sont les Évangiles, dont les auteurs sont Matthieu, Marc, Luc et Jean. Ils ont tous été écrits au Ier siècle après Jésus-Christ. Le mot « évangile », d'origine grecque, signifie « bonne nouvelle » : celle qu'apporte Jésus aux hommes.

Comme dans l'Ancien Testament, chaque ouvrage est divisé en chapitres et chaque chapitre en versets. (Ainsi, si nous renvoyons à un passage précis de l'Évangile de Marc, nous indiquons :

Marc, **14**, 17 à 31, c'est-à-dire **Évangile de Marc**, **chapitre 14**, versets 17 à 31.)

Outre les quatre Évangiles, le Nouveau Testament comprend les Actes des Apôtres, les Épîtres (ou Lettres) de Paul et de quelques autres apôtres aux communautés chrétiennes en train de se constituer, et l'Apocalypse de Jean – une série de visions de la fin des temps.

La Bible des chrétiens est plus volumineuse que celle des juifs parce qu'elle comprend les deux Testaments, l'Ancien et le Nouveau. En effet, pour les chrétiens, Jésus est vraiment le Messie annoncé par les Écritures dans l'Ancien Testament, le fils même de Dieu. Ce que ne croient pas les juifs – ni les musulmans.

L'adaptation

Je suis restée le plus près possible du texte d'origine. J'ai parfois fait des coupes et remanié légèrement un passage pour le rendre plus clair et plus facile à suivre. J'ai utilisé, pour effectuer ce travail, deux traductions faisant référence : celle de la Bible de Jérusalem et la traduction œcuménique plus récente, rédigée par des spécialistes catholiques, protestants et orthodoxes, dite la TOB.

Dans un ouvrage aussi foisonnant que la Bible, le choix des figures et des épisodes à traiter a été difficile. Je regrette de ne présenter ni Job, ni Daniel, ni Tobie, d'oublier la lutte farouche des Maccabées, de négliger la plupart des prophètes, de ne pas citer, dans le Nouveau Testament, d'autres paraboles et d'autres miracles de Jésus. Pour en tenir compte, il m'aurait fallu un volume de cinq cents pages !

La Bible est aussi un magnifique recueil de poésies. Afin d'en donner une idée, chaque fois que c'était possible, j'ai introduit dans le récit, intégralement ou partiellement, sous sa forme poétique, le cantique d'action de grâces ou la prière qui se trouvait dans le texte d'origine.

J'ai tenu aussi, dans les introductions et dans les notes, à donner les éclaircissements nécessaires, historiques ou autres, pour aider à une meilleure compréhension des passages choisis.

La connaissance de la Bible, outre sa valeur religieuse, permet de mieux appréhender le monde dans lequel nous vivons, de réfléchir aux grands problèmes de l'existence et d'apprécier les œuvres d'art qui s'en sont inspirées. Pour une première initiation, ce petit livre tente simplement de fournir quelques clés aux lecteurs.

Françoise Rachmuhl

L'Ancien Testament

1. Au commencement

La création du monde

Dieu crée le monde en six jours : le septième, son œuvre achevée, il se repose. C'est un jour consacré à la prière : le dimanche pour les chrétiens, le samedi, jour du sabbat, pour les juifs et le vendredi pour les musulmans.

Au commencement Dieu créa le ciel et la terre. La terre était vide et vague, plongée dans l'obscurité, et l'esprit de Dieu planait sur les eaux.

Dieu dit : « Que la lumière soit ! » et la lumière fut et Il vit que la lumière était bonne. Il la sépara des ténèbres et l'appela « jour » et Il appela les ténèbres « nuit ». Il y eut un soir, il y eut un matin. Ce fut le premier jour.

Dieu dit : « Qu'il y ait une voûte pour séparer les eaux qui sont en dessous de celles qui sont au-dessus ! » Il appela cette voûte « ciel ». Il y eut un soir, il y eut un matin. Ce fut le deuxième jour.

Dieu dit : « Que les eaux qui sont sous la voûte se rassemblent en un seul endroit ! Que ce qui est sec apparaisse ! » Et il en fut ainsi. Dieu appela ce qui est sec « terre » et la masse des eaux « mer ». Et Il vit que cela était bon.

Dieu dit : « Que la terre se couvre de verdure : d'herbes portant semence, d'arbres portant des fruits ! » Et il en fut ainsi et Dieu vit que cela était bon. Il y eut un soir, il y eut un matin. Ce fut le troisième jour.

Dieu dit : « Qu'il y ait des luminaires dans la voûte du ciel pour séparer le jour de la nuit ! Qu'ils servent de signaux pour les fêtes, les jours et les années, et qu'ils éclairent la terre ! » Et il en fut ainsi. Dieu fit un grand luminaire pour le jour, un petit pour la nuit, avec les étoiles. Et Il vit que cela était bon. Il y eut un soir, il y eut un matin. Ce fut le quatrième jour.

Dieu dit : « Que les eaux grouillent d'êtres vivants et que des oiseaux volent au-dessus de la terre ! » Et il en fut ainsi. Dieu créa les monstres marins et les êtres qui glissent et grouillent dans les eaux et toute la gent ailée. Et Il vit que cela était bon. Il les bénit et leur dit : « Soyez féconds, emplissez les eaux, multipliez-vous sur la terre. » Il y eut un soir, il y eut un matin. Ce fut le cinquième jour.

Dieu dit : « Que la terre produise des êtres vivants selon leur espèce : bestiaux, bestioles, bêtes sauvages ! » et il en fut ainsi. Et Dieu vit que cela était bon.

Dieu dit : « Faisons l'homme à notre image et qu'il domine les poissons dans la mer, les oiseaux du ciel, les bestiaux, toutes les bêtes sauvages, toutes les bestioles qui rampent sur la terre ! »

Dieu créa l'homme à son image, Il créa l'homme et la femme. Il les bénit et leur dit : « Soyez féconds, remplissez la terre et dominez-la. Régnez sur les poissons dans la mer, les oiseaux du ciel et toutes les bêtes qui rampent sur la terre. »

Dieu dit : « Je vous donne pour nourriture toute herbe portant semence et tout arbre portant des fruits. À toutes les bêtes de la terre et du ciel, à tout ce qui remue et qui a un souffle de vie, je donne pour nourriture la verdure des plantes. » Et il en fut ainsi. Et Dieu contempla son œuvre : tout cela était bon. Il y eut un soir, il y eut un matin. Ce fut le sixième jour.

Ainsi furent achevés le ciel et la terre et tout ce qu'ils contiennent. Dieu avait terminé son œuvre au septième jour et Il se reposa. Il bénit le septième jour et Il en fit un jour sacré parce qu'Il s'était reposé ce jour-là, après avoir terminé son œuvre.

Telle est l'histoire de la création du ciel et de la terre.

Dans le jardin d'Éden

Après le premier récit de la création, en voici un second, qui précise comment Dieu a modelé l'homme et la femme – Adam, ce qui signifie « tiré de la terre », et Ève, « la vivante ». Il les place tous les deux dans le jardin d'Éden, le paradis terrestre : Éden signifie « plaisir » en hébreu.

Au temps où Dieu fit le ciel et la terre, il n'y avait ni arbuste ni herbe des champs, car Il n'avait pas fait pleuvoir et il n'y avait personne pour cultiver le sol.

Mais de l'eau sourdait de la terre et l'irriguait. Dieu prit un peu de boue et en modela l'homme, Il souffla dans ses narines et l'homme devint un être vivant.

Dieu alors planta un jardin en Éden, à l'orient, et il y plaça l'homme qu'Il avait modelé. Il fit sortir du sol toutes sortes d'arbres, beaux à voir et bons à manger. Il mit l'arbre de vie et l'arbre de la connaissance du bien et du mal au milieu du jardin. Un fleuve divisé en quatre bras l'arrosait.

Dieu prit l'homme et le plaça dans le jardin pour cultiver le sol et pour le garder. Il ordonna à l'homme :

— Tu peux manger des fruits de tous les arbres, mais tu n'en mangeras pas de l'arbre de la connaissance du bien et du mal. Si tu en manges, tu mourras.

Dieu dit encore :

— Il n'est pas bon que l'homme soit seul. Je vais lui faire une aide qui lui soit assortie.

Dieu modela les bêtes sauvages et les oiseaux du ciel et Il les amena à l'homme pour que celui-ci donnât un nom à chacun d'eux. Mais l'homme ne trouva pas d'être qui lui fût assorti.

Alors, Dieu fit tomber l'homme dans un profond sommeil. Il prit une de ses côtes et Il en façonna la femme. L'homme s'écria :

— Cette fois voici la femme qui est l'os de mes os et la chair de ma chair !

C'est pourquoi l'homme quitte son père et sa mère et s'attache à sa femme et ils deviennent une seule chair.

❦

La faute et la punition

Dans le jardin d'Éden, l'homme et la femme étaient nus et ils n'en éprouvaient pas de honte. Or le serpent était le plus rusé des animaux que Dieu avait faits. Il demanda à la femme : « Mangez-vous de tous les arbres du jardin ? » Elle répondit : « Nous pouvons manger tous les fruits, sauf celui de l'arbre qui est au centre. Dieu a dit : Vous n'y toucherez pas, sinon vous mourrez. » Le serpent répliqua : « Mais pas du tout ! Vous ne mourrez pas ! Seulement Dieu sait bien que le jour où vous en mangerez, vos yeux s'ouvriront. Vous serez comme des dieux, ayant la connaissance du bien et du mal. »

La femme prit donc le fruit de cet arbre, elle en mangea et elle en donna à l'homme, qui en mangea aussi.

Leurs yeux à tous deux s'ouvrirent, ils se virent nus et couvrirent le bas de leur corps avec des feuilles de figuier. Ils entendirent alors le pas de Dieu qui se promenait dans le jardin et ils se cachèrent.

Dieu appela l'homme :

— Où es-tu ?

— J'ai entendu ton pas dans le jardin. J'ai eu peur parce que je suis nu, je me suis caché.

— Qui t'a appris que tu étais nu ? Tu as donc mangé le fruit de l'arbre que je t'avais défendu de toucher ?

— C'est la femme que tu as mise auprès de moi, c'est elle qui me l'a donné et j'ai mangé.

Dieu se tourna vers la femme :

— Qu'as-tu fait là ?

— C'est le serpent qui m'a trompée et j'ai mangé.

Dieu dit au serpent :

— Parce que tu as fait cela, tu seras maudit entre toutes les bêtes, tu ramperas sur le ventre, tu mangeras de la poussière tous les jours de ta vie. Il y aura de la haine entre la femme et toi, entre sa descendance et la tienne. Elle te meurtrira la tête, tu la meurtriras au talon.

Dieu dit à la femme :

— Tu souffriras au cours de ta grossesse et tu accoucheras dans la douleur. Ton désir te poussera vers ton mari et lui te dominera.

Dieu dit à Adam :

— Parce que tu as écouté la femme et goûté au fruit que je t'avais défendu de manger, à cause de toi, le sol sera maudit. Tu en tireras ta nourriture à force de peine, tous les jours de ta vie. Il produira pour toi épines et chardons et tu n'auras plus que l'herbe des champs. Tu mangeras ton pain à la sueur de ton visage, jusqu'à ce que tu retournes à la terre d'où tu as été tiré : car tu es poussière et tu redeviendras poussière.

L'homme appela sa femme Ève, la Vivante : c'est elle qui est la mère de tous les vivants.

Dieu fit à Adam et à Ève des tuniques en peau et Il les en revêtit. Il dit :

— Voici que l'homme est devenu comme un dieu, il connaît le bien et le mal ! Il ne faut pas qu'il tende la main pour cueillir le fruit de l'arbre de vie et qu'il en mange, car il vivrait pour toujours !

Alors Dieu chassa l'homme du jardin d'Éden et Il plaça devant l'entrée, à l'orient, ses anges qui tenaient à la main une épée flamboyante.

Caïn et Abel

Adam s'unit à Ève. Elle fut enceinte et donna le jour à Caïn. Elle dit :

— Grâce à Dieu, j'ai mis au monde un homme !

Elle enfanta ensuite Abel, frère de Caïn.

Abel était berger et Caïn cultivait le sol. Abel présenta en offrande à Dieu les produits de la terre et son frère Caïn Lui présenta les premiers-nés de son troupeau. Dieu accepta l'offrande d'Abel, mais Il se détourna de celle de Caïn.

Celui-ci en fut très irrité. Il montra un visage abattu.

— Pourquoi es-tu en colère ? lui demanda Dieu. Pourquoi ton visage est-il abattu ? Si tu agis bien, pourquoi ne relèverais-tu pas le visage ? Si tu agis mal, le péché est tapi à ta porte, comme une bête prête à te dévorer. Mais toi, tu dois le dompter.

Caïn proposa à son frère de sortir et, lorsqu'ils arrivèrent dans les champs, il se jeta sur Abel et le tua.

— Où est ton frère ? demanda Dieu à Caïn.

— Je ne sais pas. Suis-je le gardien de mon frère ?

— Qu'as-tu fait ? Le sang de ton frère crie du sol vers moi ! Sois maudit maintenant, chassé du sol fertile, qui a recueilli de ta main le sang de ton frère. Si tu cultives le sol, il ne te donnera plus ses fruits. Tu seras un vagabond, un errant, de par le monde.

— Ma peine est trop lourde à porter. Vois ! Tu me bannis du sol fertile, je devrai me cacher de ta face, je serai un errant par toute la terre... Mais le premier venu me tuera !

— Si quelqu'un tue Caïn, Caïn sera sept fois vengé !

Dieu mit un signe sur Caïn afin que personne ne le frappât.

Caïn s'éloigna de la présence de Dieu et il demeura à l'est d'Éden.

Le déluge

Caïn a une nombreuse descendance ; Adam et Ève ont un autre fils, Seth, lequel a, lui aussi, de nombreux descendants, parmi lesquels Mathusalem, grand-père de Noé. Tous ces hommes sont des chefs de famille importants et vivent très vieux : Mathusalem meurt à l'âge de 969 ans ! On les appelle les patriarches. Une longue vie est considérée comme une bénédiction du ciel, mais les hommes se vouant au mal, Dieu, par la suite, ne leur permettra plus de vivre aussi longtemps.

Dieu vit que la méchanceté de l'homme était grande et que ses pensées étaient mauvaises. Il se repentit de l'avoir créé et Il s'en attrista. Il dit :

— Je vais effacer de la surface de la terre tous les hommes que j'ai créés, toutes les bêtes, les bestioles et les oiseaux du ciel, car je me repens de les avoir faits.

Mais Noé trouva grâce à ses yeux. C'était un homme juste et honnête, qui obéissait à Dieu. Il avait trois fils, Sem, Cham et Japhet.

Dieu dit à Noé :

— La terre est pleine de violence à cause des hommes et je vais les faire disparaître. Construis une arche en bois résineux, enduis-la de bitume au-dedans et au-dehors. Tu la feras longue de trois cents coudées[1], large de cinquante et haute de trente et tu poseras un toit dessus. Tu mettras l'entrée sur le côté. Cette arche aura trois étages.

« Moi, je vais amener les eaux du déluge sur la terre afin d'exterminer tout ce qui a un souffle de vie : tout doit périr. Mais je ferai alliance avec toi. Tu entreras dans l'arche, toi et avec toi tes fils, ta femme et les femmes de tes fils. De tout ce qui vit tu feras entrer un couple de chaque espèce, afin de perpétuer leur race. Procure-toi de la nourriture et fais-en provision, pour toi et pour eux. Car dans sept jours je ferai pleuvoir et il pleuvra pendant quarante jours et quarante nuits sur la terre et j'effacerai de sa surface tous les êtres que j'ai créés.

Noé fit tout ce que Dieu lui avait commandé. Il avait six cents ans quand arriva le déluge.

Au bout de sept jours, les eaux du déluge tombèrent sur la terre. Ce jour-là, tous les réservoirs de l'abîme se rompirent et les écluses du ciel s'ouvrirent. La pluie tomba sur la terre pendant quarante jours et quarante nuits.

1. Une coudée mesure environ 50 cm.

Ce même jour, Noé entra dans l'arche avec ses trois fils, sa femme et les trois femmes de ses fils, ainsi que toutes les espèces de bêtes, bestiaux, bestioles qui remuent sur la terre et toutes les espèces d'oiseaux. Ils entrèrent dans l'arche, couple après couple, comme Dieu l'avait ordonné.

Et Dieu ferma sur Noé la porte de l'arche.

Pendant quarante jours, les eaux grossirent et soulevèrent l'arche qui dérivait à leur surface. Les eaux en crue montèrent de plus en plus haut et recouvrirent les montagnes les plus élevées. Alors expira toute chair qui remuait sur la terre, oiseaux, bestiaux, bêtes sauvages, et toutes les bestioles qui grouillaient, et tous les hommes. Tout ce qui était animé par un souffle de vie mourut, ils furent tous effacés. Il ne resta que Noé et ceux qui étaient avec lui dans l'arche.

La crue des eaux dura cent cinquante jours.

Dieu se souvint alors de Noé et de toutes les bêtes qui étaient avec lui. Il fit passer un souffle sur la terre et les eaux se calmèrent. Les réservoirs de l'abîme se fermèrent ainsi que les écluses du ciel. Les eaux se retirèrent peu à peu.

Au bout de cent cinquante jours, elles baissèrent et l'arche reposa sur le mont Ararat[1]. Elles continuèrent à baisser et les cimes des montagnes apparurent.

1. Montagne à l'est de la Turquie.

Or, au bout de quarante jours, Noé ouvrit la fenêtre de l'arche. Il lâcha le corbeau qui s'envola, puis revint, pour partir à nouveau, attendant le moment où les eaux découvriraient la terre. Ensuite Noé lâcha la colombe, pour voir si les eaux avaient baissé. La colombe ne trouva aucun endroit où se poser, les eaux recouvrant tout. Elle retourna vers l'arche. Noé tendit la main, la prit et la fit rentrer à l'intérieur. Il attendit sept autres jours pour la lâcher à nouveau. Elle revint vers lui dans la soirée. Et voici qu'elle tenait dans son bec un rameau frais d'olivier ! Ainsi Noé sut que les eaux avaient diminué à la surface de la terre. Il attendit encore sept jours et renvoya la colombe. Elle ne revint plus.

Noé retira le toit de l'arche et vit que le sol était sec.

Dieu dit alors à Noé :

— Sors de l'arche, toi, et avec toi ta femme, tes fils et les femmes de tes fils. Tous les animaux qui sont avec toi, oiseaux, bestiaux, bestioles qui remuent sur le sol, fais-les sortir et qu'ils grouillent sur la terre, qu'ils soient féconds et qu'ils se multiplient.

Noé sortit et avec lui sa femme, ses fils et les femmes de ses fils, et toutes les bêtes par familles.

Noé construisit un autel pour honorer Dieu et, ayant pris des animaux purs et des oiseaux purs, il les Lui offrit en sacrifice. Dieu respira l'odeur agréable du sacrifice et Il se dit : « Je ne maudirai plus jamais la terre à cause de l'homme. Sans doute son cœur est-il porté vers le mal dès sa jeunesse. Mais je ne frapperai plus tous les vivants comme je l'ai fait. »

Tant que la terre durera,
Semailles et moissons,
Le froid et le chaud,
L'été et l'hiver,
Le jour et la nuit
Ne cesseront pas.

Dieu bénit Noé et ses fils. Il leur dit :

— Soyez féconds, multipliez-vous et remplissez la terre. Que tous les animaux vous craignent. Tout ce qui possède la vie vous servira de nourriture, je vous le donne comme je vous donne la verdure des plantes. Multipliez-vous, remplissez la terre et dominez-la.

« Je fais alliance avec vous et avec vos descendants, et tous les animaux qui sont sortis de l'arche. Il n'y aura plus de déluge pour détruire la terre. Voici le signe de cette alliance entre moi, vous, tous les êtres vivants qui sont avec vous, et les générations à venir : je mets mon arc dans les nuages et chaque fois que cet arc apparaîtra dans le ciel, je me souviendrai de cette alliance entre moi et vous, l'alliance éternelle entre Dieu et les êtres vivants sur la terre.

La tour de Babel

Les descendants des trois fils de Noé se dispersent et occupent toutes les terres connues alors : l'Asie Mineure, les îles de la Méditerranée ; l'Égypte, l'Éthiopie, l'Arabie, Canaan (aujourd'hui Israël et la Palestine) ; la Mésopotamie (l'Irak). Cependant, ils parlent tous la même langue.

Les hommes avaient tous le même langage. En se déplaçant vers l'orient, ils trouvèrent une plaine en Mésopotamie, dans le pays de Shinéar[1], et ils s'y installèrent. Ils se dirent :

— Fabriquons des briques dans des moules et cuisons-les au four.

Ils utilisèrent ces briques à la place de pierres et le bitume leur servit de mortier. Ils dirent encore :

— Bâtissons une ville, avec une tour dont le sommet atteigne le ciel. Notre renommée sera grande et nous n'aurons plus besoin de nous disperser sur la terre.

Or Dieu descendit pour voir la ville et la tour qu'avaient bâties les hommes. Il dit :

1. Région entre le Tigre et l'Euphrate, où se trouve la ville de Babylone ; aujourd'hui en Irak.

— Voici que les hommes ne forment plus qu'un seul peuple, avec une seule langue, et ce n'est là que leur première œuvre ! Maintenant ils seront capables de réaliser tous leurs projets. Allons ! Descendons ! Brouillons leur langage pour qu'ils ne se comprennent plus les uns les autres !

Dieu les dispersa et ils durent abandonner la construction de la ville et de sa tour.

C'est pourquoi on nomma celle-ci Babel – ce qui signifie en hébreu « brouiller » – car c'est là que Dieu brouilla le langage des hommes et qu'Il les dispersa sur toute la surface de la terre.

(Genèse)

2. Abraham

De la Mésopotamie au pays de Canaan

Abram – que Dieu nommera ensuite Abraham – est un berger nomade né au sud de la Mésopotamie, sur les bords de l'Euphrate. Bien qu'aucun document ne permette de savoir s'il a réellement existé tel que la Bible le décrit, il est considéré comme le Père des Hébreux. C'est une figure fondatrice importante dans les trois religions, juive, chrétienne et musulmane.

Abram vivait avec son père, ses deux frères, sa femme Saraï et son neveu Lot, près d'Ur, en Chaldée, au sud de la Mésopotamie. Ils s'installèrent ensuite à Harân, plus au nord. Saraï était stérile et Abram n'avait pas d'enfant.

Dieu dit à Abram :

— Quitte ton pays et la maison de ton père pour aller là où je te l'indiquerai. Je ferai sortir de toi un grand peuple et je te bénirai.

Abram partit avec sa femme et son neveu, il prit tous ses biens avec lui et emmena tous ses serviteurs. Il alla dans le pays de Canaan[1].

À chaque étape, il plantait sa tente et il élevait un autel pour honorer Dieu. De campement en campement, il descendit vers le sud et, pour échapper à la famine, se rendit en Égypte, où il séjourna. Il était devenu riche en troupeaux, en argent et en or quand il retourna au pays de Canaan. Là il se sépara de Lot.

Celui-ci s'établit à l'Est, dans la fertile plaine du Jourdain, près des villes de Sodome et Gomorrhe, dont les habitants vivaient dans le péché. Abram, lui, demeura en Canaan. Il installa sa tente sous le chêne de Mambré, à Hébron.

Dieu lui apparut et lui dit :

— Regarde autour de toi. Tout le pays que tu vois, je te le donne, à toi et à tes descendants, pour toujours.

1. Approximativement aujourd'hui Israël et la Palestine.

Abram répondit :

— Seigneur Dieu, je n'ai pas de descendants. Quel enfant pourra hériter de mes biens ?

— Celui qui naîtra de toi héritera. Vois le ciel et compte les étoiles, si tu peux. Telle sera ta descendance.

Abram crut le Seigneur, qui le considéra comme un juste.

La naissance d'Ismaël et l'alliance avec Dieu

Quand une femme ne peut avoir d'enfant, c'est la coutume en Mésopotamie, pays natal de Saraï, de conduire sa servante dans le lit de son mari, pour lui assurer une descendance.

Puisque Saraï n'avait toujours pas d'enfant, elle présenta à Abram sa servante égyptienne, Agar. Celle-ci lui donna un fils qui fut nommé Ismaël, ce qui signifie : « Dieu entend. »

Quand Abram eut quatre-vingt-dix-neuf ans, le Seigneur s'adressa à lui :

— C'est moi qui suis Dieu tout-puissant. Marche en ma présence et conduis-toi bien, car, entre toi et moi, j'établis mon alliance.

Abram tomba la face contre terre et Dieu continua :

— Tu seras le père de nombreux peuples. Tu ne t'appelleras plus Abram, mais Abraham, ce qui veut dire « père d'une multitude ». De toi naîtront des peuples et des rois. Mon alliance avec toi et ta descendance après toi seront perpétuelles. À toi et à ta descendance, je donnerai ce pays où tu séjournes, Canaan. Et je serai votre Dieu.

Dieu dit encore à Abraham :

— Tu observeras mon alliance et le signe de cette alliance, marqué dans votre chair, sera la circoncision[1]. Que tous vos enfants mâles soient circoncis quand ils auront huit jours. Quant à ta femme Saraï, tu l'appelleras désormais Sara – ce qui signifie « princesse ». Je la bénirai et elle sera la mère de nombreux rois.

« Comment se peut-il qu'elle enfante ? se demanda Abraham. Elle a quatre-vingt-dix ans et moi cent ! »

— Qu'Ismaël vive devant toi ! dit-il à Dieu.

— Il ne s'agit pas d'Ismaël, reprit Dieu, mais du fils que te donnera ta femme Sara. Tu l'appelleras Isaac et je serai son Dieu et celui de ses descendants après lui. Au sujet d'Ismaël, je t'ai entendu. Je le bénis et de lui naîtra un grand peuple. Mais c'est avec Isaac que j'établirai mon alliance.

1. La circoncision consiste à couper le prépuce, la peau qui recouvre le bout du pénis chez les garçons.

Ce jour-là, Abraham, son fils Ismaël et tous les hommes de sa maison furent circoncis.

Les trois voyageurs

Quelque temps après, Abraham était assis à l'entrée de sa tente, lorsque trois voyageurs surgirent sous le chêne de Mambré. Dès qu'il les vit, il alla à leur rencontre et s'inclina devant eux.

— Reposez-vous ici, leur dit-il. Je vais chercher de l'eau pour que vous vous laviez les pieds et puis vous vous étendrez sous l'arbre. Je vous apporterai aussi un morceau de pain, afin que vous vous réconfortiez avant de repartir.

— Fais comme tu l'as dit, répondirent les voyageurs.

Abraham rentra en hâte dans la tente et cria à Sara :

— Vite ! Pétris trois mesures de farine et fais-en des galettes !

Il courut jusqu'à son troupeau et prit un veau bien gras qu'il donna à préparer à son serviteur. Ensuite il apporta à ses hôtes du caillé, du lait et le veau cuit à point. Et tandis qu'ils mangeaient, il se tenait debout près d'eux sous l'arbre.

— Où est Sara, ta femme ? demandèrent-ils.

— Dans la tente.

— Quand je reviendrai l'an prochain, dit l'un d'eux – c'était Dieu –, ta femme aura un fils.

Sara, qui l'écoutait à l'entrée de la tente se mit à rire : elle et son mari étaient des vieillards !

Le Seigneur dit à Abraham :

— Pourquoi Sara a-t-elle ri ? Rien n'est impossible à Dieu ! À la même saison, l'an prochain, je reviendrai chez toi et ta femme aura eu un fils.

Sara alors prit peur.

— Non, non, je n'ai pas ri, affirma-t-elle.

— Si, tu as ri, dit le Seigneur.

Sodome et Gomorrhe

Au sud de la mer Morte, là où, d'après la Bible, se trouvaient Sodome et Gomorrhe, on a constaté que le terrain s'était affaissé à la suite de tremblements de terre. La mer Morte est la mer la plus salée du globe terrestre. On extrait de ses eaux du sel, du bitume et du soufre. Sur ses bords des blocs de sel, sculptés par l'érosion, ressemblent à des statues.

Après s'être restaurés, Dieu et les deux autres voyageurs se levèrent et se dirigèrent vers la ville de Sodome. Abraham les accompagna.

Dieu dit alors :

— Le péché de Sodome et de Gomorrhe est grave et la plainte contre ces villes est si forte qu'elle est montée jusqu'à moi. Je vais aller à Sodome pour savoir si ses habitants sont aussi mauvais qu'on le prétend.

Comme les deux autres voyageurs s'éloignaient, Abraham s'approcha de Dieu et lui demanda :

— Vas-tu vraiment punir le juste avec le pécheur ?... Et s'il restait cinquante justes dans la ville ?

— Je pardonnerais à Sodome.

— Je suis bien hardi de parler ainsi à mon Seigneur... Mais si, au lieu de cinquante, il n'y en avait que quarante-cinq ?

— Je pardonnerais.

— Et quarante ?

— Je ne ferais pas périr ces hommes à cause des quarante justes.

— Que mon Seigneur ne se fâche pas... Qu'il me laisse parler. S'il n'en restait que trente ? Et vingt ? Et seulement dix ?

— Je ne détruirais pas la ville à cause de ces dix !

Alors Abraham rentra chez lui.

Les deux voyageurs, qui sont en réalité deux anges, se rendent à Sodome et constatent qu'il est impossible de trouver dix justes, car ses habitants sont tous mauvais. Sauf Lot, le neveu d'Abraham. Ils demandent à celui-ci de partir le lendemain matin, avec sa femme et ses deux filles. Ils doivent tout quitter, sans se retourner.

Dieu a envoyé ses anges pour détruire la ville et exterminer tous ses habitants. Lot s'enfuit vers la montagne tandis que Dieu fait tomber sur Sodome et Gomorrhe une pluie de soufre et de feu. Mais la femme de Lot se retourne : elle est changée en colonne de sel.

La naissance d'Isaac et le départ d'Ismaël

Cependant Dieu remplit sa promesse et, malgré sa vieillesse, Sara eut d'Abraham un fils. Il fut appelé Isaac – ce qui signifie « sourire de Dieu » – et circoncis au bout de huit jours.

Quand Isaac fut sevré, Abraham donna un grand festin. Ismaël, le fils d'Agar, jouait avec Isaac et Sara en fut jalouse. « Chasse cette servante et son enfant ! » demanda-t-elle à son mari. Abraham hésita, mais Dieu le rassura, car Il ferait naître du fils de la servante un grand peuple.

Le lendemain matin, de bonne heure, Abraham donna à Agar du pain et une outre pleine d'eau. Elle mit l'enfant sur son épaule et s'en alla dans le désert. Quand l'eau de l'outre fut épuisée, Agar posa l'enfant sous un buisson et s'éloigna, car elle ne voulait pas assister à la mort de son fils. Le petit pleurait et Dieu l'entendit.

Son ange appela la servante :

— Qu'as-tu, Agar ? Ne crains rien, Dieu a entendu les cris de l'enfant. Soulève-le et tiens-le ferme. De lui naîtra un grand peuple[1].

À ce moment, Agar aperçut un puits. Elle alla remplir l'outre et donna à boire à son fils.

Dieu fut avec lui. Il grandit et devint un chasseur habile à tirer à l'arc. Il demeura dans le désert et sa mère lui choisit une femme égyptienne.

Le sacrifice d'Isaac

Selon la tradition, la montagne vers laquelle se dirigent Abraham et son fils est le mont Sion, où, plus tard, sera construit le Temple de Jérusalem.

Dans de nombreux pays d'Orient, on avait coutume d'offrir en sacrifice aux dieux les enfants premiers-nés. Mais le Dieu de la Bible s'oppose aux sacrifices humains, ainsi qu'en témoigne ce récit.

Quand Isaac fut un peu plus grand, Dieu mit Abraham à l'épreuve. Il l'appela :

— Abraham !

— Me voici.

1. Il s'agit des tribus de l'Arabie du nord.

— Prends ton fils unique, Isaac, que tu aimes. Pars dans la montagne et, là, tu l'offriras en holocauste[1], à l'endroit que je t'indiquerai.

Le matin suivant, Abraham se leva tôt, sella son âne, fendit le bois pour le feu de l'holocauste, et s'en alla avec deux serviteurs et son fils Isaac vers la montagne que Dieu lui avait indiquée. Lorsqu'il s'en approcha le troisième jour, il dit à ses deux serviteurs :

— Restez ici avec l'âne. Moi et l'enfant, nous irons là-haut pour adorer Dieu, puis nous redescendrons vers vous.

Abraham prit le bois pour le feu et en chargea son fils ; lui-même tenait à la main la pierre à feu et le couteau.

En route Isaac demanda :

— Mon père !

— Oui, mon fils ?

— Je vois bien la pierre à feu et le bois, mais où est l'agneau à immoler ?

— Dieu y pourvoira, mon fils.

Et tous deux continuèrent leur chemin.

Lorsqu'ils furent arrivés au lieu indiqué par Dieu, Abraham éleva un autel et disposa le bois dessus. Puis il lia son fils Isaac et le plaça sur le bois.

1. Sacrifice en l'honneur d'un dieu ; la victime était entièrement consumée par le feu.

Il tendait la main pour saisir le couteau et immoler l'enfant lorsque l'ange de Dieu l'appela du ciel :

— Abraham ! Abraham !

— Me voici !

— Ne brandis pas ta main au-dessus de l'enfant ! Ne lui fais pas de mal ! Car à présent, je sais que tu crains Dieu : tu ne lui as pas refusé ton fils, ton fils unique !

Abraham leva les yeux et vit un bélier pris par les cornes dans un buisson. Il le captura et l'offrit en holocauste à la place de son fils.

Le Seigneur l'appela une seconde fois.

— Je le jure, parole de Dieu, parce que tu ne m'as pas refusé ton unique enfant, je te comblerai de bénédiction. Tes descendants seront aussi nombreux que les étoiles dans le ciel ou les grains de sable sur le rivage de la mer. Ils viendront à bout de leurs ennemis. Par eux, toutes les nations seront bénies. Grâce à ton obéissance.

La mort d'Abraham

Sara mourut à cent vingt-sept ans et Abraham la pleura. Il l'enterra dans une grotte, près de Mambré, au pays de Canaan.

Avant de mourir, il eut encore le temps d'envoyer le plus vieux de ses serviteurs en Haute Mésopotamie, dans sa famille, chercher dans la maison de son frère une épouse pour son fils.

Le serviteur ramena Rebecca en Canaan. Isaac la prit pour femme, il l'aima et cela l'aida à se consoler de la perte de sa mère.

À cent soixante-quinze ans Abraham mourut, après une vieillesse heureuse. Ses fils Isaac et Ismaël l'enterrèrent dans la grotte près de Mambré, à côté de Sara.

(Genèse)

3. JACOB

Le droit d'aînesse

Le droit d'aînesse donne à l'aîné droit à la meilleure part de l'héritage familial ainsi qu'à la bénédiction paternelle.

Lorsque Rébecca, la femme d'Isaac, fut enceinte, elle eut l'impression que deux êtres se battaient dans son ventre. Elle alla consulter le Seigneur qui lui répondit :

— Deux peuples sont dans ton sein, l'un sera plus fort que l'autre et le grand servira le petit.

Au bout de neuf mois, Rébecca donna naissance à des jumeaux. Le premier était couvert de poils roux ; on l'appela Esaü – « velu » en hébreu –, le second en sortant tenait par la main le talon de son frère, on le nomma Jacob – « talon » en hébreu.

Les deux garçons grandirent. Esaü devint un habile chasseur et courait la campagne. Son frère était un jeune homme tranquille, qui se plaisait à demeurer sous la tente. Isaac préférait Esaü, parce qu'il aimait beaucoup le gibier. Rébecca, elle, préférait Jacob.

Un jour que Jacob préparait une bonne soupe aux lentilles, Esaü revint épuisé de la campagne. « Laisse-moi manger de ta soupe rousse », dit-il. Il insistait sur le mot « rousse ». Depuis, Esaü fut nommé Edom, c'est-à-dire « le Roux » !

— Je veux bien, répondit Jacob, si tu me vends ton droit d'aînesse aujourd'hui même.

— À quoi me servira mon droit d'aînesse si je meurs de faim ?

— Aujourd'hui même ! Jure-le-moi.

Esaü jura et son frère lui donna du pain et de la soupe. Esaü but et mangea, puis se leva et partit, faisant peu de cas de son droit d'aînesse.

La bénédiction d'Isaac

La bénédiction d'un père à son fils est à la fois efficace et irrévocable : on ne peut revenir dessus. Elle permet de transmettre l'héritage et, dans l'histoire de Jacob, la promesse que Dieu a faite à Abraham, père d'Isaac.

Isaac devenu vieux était presque aveugle. Il appela Esaü, son aîné, et lui demanda d'aller à la chasse pour trouver de quoi lui préparer un plat de gibier comme il aimait. Alors, il lui donnerait sa bénédiction, car il allait bientôt mourir.

Rébecca surprit les paroles de son mari et dès qu'Esaü fut parti, elle appela Jacob :

— Écoute-moi, mon fils, et fais ce que je t'ordonne. Va chercher dans le troupeau deux beaux chevreaux. Je préparerai avec un bon plat pour ton père, tu le lui porteras afin qu'il te bénisse avant de mourir.

— Mais, dit Jacob, je ne pourrai pas passer pour mon frère. Il est velu et moi, j'ai la peau lisse. Si mon père vient à me tâter, il croira que je me suis moqué de lui. Ce n'est pas sa bénédiction que je recevrai, mais sa malédiction !

— La malédiction, je la prends sur moi ! répartit sa mère. Fais ce que je te dis.

Jacob obéit et Rébecca prépara un plat comme son mari l'aimait. Elle alla chercher les plus beaux habits d'Esaü, elle en revêtit Jacob et elle lui couvrit les bras et le cou de la peau des chevreaux. Puis elle lui mit dans les mains le plat de viande et le pain qu'elle venait de cuire.

Jacob s'approcha du lit de son père qui lui demanda :

— Qui es-tu, mon fils ?

— Je suis Esaü, ton premier-né. Assieds-toi et mange le gibier que je t'ai préparé afin que tu puisses me bénir.

— Comme tu es allé vite pour trouver le gibier, mon fils !

— C'est que Dieu m'a été favorable !

— Viens plus près pour que je sache si tu es bien Esaü.

Jacob se pencha sur le vieillard qui lui tâta les bras en disant :

— Sa voix est celle de Jacob, mais ses bras sont velus comme ceux d'Esaü. Tu es bien Esaü ?

— Oui.

— Sers-moi afin que je goûte à ton gibier.

Jacob le servit et il lui versa du vin qu'il avait apporté. Isaac mangea et but, puis il dit :

— Approche-toi de moi et embrasse-moi, mon fils !

Et le vieillard put respirer l'odeur des vêtements d'Esaü.

— Oui, s'écria-t-il, l'odeur de mon fils est la même que celle d'un champ fertile.

Que Dieu te donne la rosée du ciel et des terres grasses,
Du blé en abondance et du vin nouveau !
Que les peuples te servent et se prosternent devant toi !
Sois le maître de tes frères,
Qu'ils se prosternent devant toi !
Maudit soit qui te maudira,
Béni qui te bénira !

À peine Isaac avait-il fini de bénir Jacob qu'Esaü rentra de la chasse. Lui aussi prépara un bon plat pour son père et le lui apporta.

Isaac demanda :

— Qui es-tu ?

— Je suis ton premier-né, Esaü.

À ces mots, Isaac fut pris d'un grand frisson.

— Qui est donc celui qui m'a apporté du gibier ? J'en ai mangé avant que tu ne rentres... J'ai eu confiance et je l'ai béni. Et il restera béni !

— Ah ! cria Esaü avec amertume, moi aussi, bénis-moi, mon père !

— Ton frère est venu en fraude, il a pris ta bénédiction.

— Il m'a trompé deux fois ! Il m'a pris mon droit d'aînesse, il m'a pris ta bénédiction. N'as-tu pas gardé une bénédiction pour moi ?

— Vois-tu, j'ai fait de lui ton maître et celui de tes frères, je lui ai promis du blé et du vin nouveau. Que puis-je faire maintenant pour toi, mon fils ?

— Bénis-moi, moi aussi, mon père.

Comme Isaac restait silencieux, Esaü éclata en sanglots.

Isaac dit alors :

Loin des terres grasses
Sera ta demeure,
Loin de la rosée.
Tu vivras de ton épée
Et tu serviras ton frère.
Mais plus tard tu secoueras son joug ![1]

À partir de ce jour-là, Esaü prit en haine son frère et, pour se venger de lui, se prépara à le tuer. Rébecca le sut et prévint Jacob. Isaac le fit partir pour Harân, en Haute Mésopotamie, chez son oncle Laban, le frère de Rébecca, et il lui demanda de choisir pour épouse une femme de là-bas.

1. Esaü-Edom donnera naissance au peuple des Édomites qui demeureront hors de la Palestine fertile, au sud de la mer Morte. Ils seront longtemps sous le joug des Israélites et ne se libéreront que beaucoup plus tard.

Le songe de Jacob

Dans la Bible, on rencontre souvent des anges, ces créatures surnaturelles créées par Dieu. Ils peuvent servir de messagers entre Dieu et les hommes. « L'Ange de Dieu ou l'Ange du Seigneur » est une expression qui parfois sert à désigner Dieu lui-même.

En route pour Harân, Jacob fut surpris par le coucher du soleil et décida de passer la nuit à l'endroit où il se trouvait. Il prit une grosse pierre et s'en servit en guise d'oreiller. Il s'endormit et rêva.

Devant lui, une échelle monumentale était dressée jusqu'en haut du ciel. Des Anges y montaient et en descendaient.

Le Seigneur se tenait près de lui et lui disait :

— Je suis le Seigneur, Dieu d'Abraham, ton grand-père, Dieu d'Isaac, ton père. La terre sur laquelle tu es étendu, je te la donnerai, à toi et à tes descendants. Ils seront aussi nombreux que les grains de la poussière. Ils se répandront à l'ouest, à l'est, au nord et au sud. En toi et en eux seront bénies toutes les familles de la terre. Je suis avec toi, je te garderai partout où tu iras. Grâce à moi tu reviendras sur cette terre, car je ne t'abandonnerai pas jusqu'à ce que tout ce que j'ai dit s'accomplisse.

Quand Jacob se réveilla, il s'écria :

— Vraiment ! Le Seigneur est ici et je ne le savais pas. Que ce lieu est redoutable !

Il se leva, prit la pierre sur laquelle il avait posé la tête, la dressa ainsi qu'une stèle et, pour la consacrer à Dieu, versa sur le sommet un peu d'huile.

Il appela ce lieu Béthel – c'est-à-dire « maison de Dieu » et « porte du ciel ».

Puis il reprit sa marche.

Les deux mariages de Jacob

À l'époque des Patriarches, la polygamie – le fait pour un homme d'avoir plusieurs épouses – est autorisée et fréquemment pratiquée.

Jacob s'approchait de la région de Harân lorsqu'il aperçut, dans la campagne, un puits fermé par une énorme pierre. Autour de lui étaient couchés trois troupeaux de moutons. Jacob engagea la conversation avec les bergers. Ils étaient de Harân et connaissaient Laban. « Voici justement sa fille Rachel qui vient avec son troupeau, car elle est bergère », lui dirent-ils.

Dès qu'il la vit, Jacob roula la pierre qui fermait la bouche du puits et permit ainsi aux troupeaux de boire. Il donna un baiser à Rachel et les larmes lui vinrent aux yeux. Il lui apprit qu'il était le fils de Rébecca, le neveu de Laban.

Rachel alla en hâte en informer son père et Laban arriva en courant, serra Jacob dans ses bras, l'embrassa et le conduisit dans sa maison.

Au bout d'un mois, Laban dit à Jacob :

— Vas-tu me servir pour rien ? Dis-moi, quel salaire veux-tu ?

— Je te servirai pendant sept années pour épouser Rachel, ta fille cadette.

— C'est entendu, promit Laban.

Et Jacob servit son oncle pendant sept années, qui lui parurent comme un seul jour, tant il aimait Rachel. Elle avait un beau visage et un beau corps, tandis que Léa, sa sœur aînée, avait des yeux ternes.

Au bout de sept années, Laban réunit ses gens et ses amis et offrit un grand banquet. Puis il conduisit à Jacob, pour la nuit de noces, sa fille, entièrement voilée, comme le voulait la coutume.

Lorsque le jour se leva, Jacob se rendit compte que la femme qui avait passé la nuit avec lui n'était pas Rachel, mais Léa. Il alla trouver Laban :

— Pourquoi m'as-tu trompé ? C'était pour épouser Rachel que je te servais !

— Ce n'est pas l'usage, dans notre pays, que la cadette se marie avant l'aînée. Mais je te donnerai l'autre, pour prix de tes services, si tu restes chez moi encore sept années.

Jacob accepta. Au bout de sept années, il épousa Rachel et il l'aimait plus que Léa. De ses deux femmes et de deux de leurs servantes, il eut onze fils.

Après avoir servi Laban pendant vingt ans, alors que Rachel venait de donner naissance à Joseph, Jacob eut envie de rentrer chez lui, dans sa famille, d'autant plus que Dieu s'était adressé à lui : « Retourne au pays de tes pères, je serai avec toi. »

Il eut du mal à trouver un accord avec Laban qui lui avait toujours mal payé ses gages. Ils finirent par s'entendre avant de se séparer et Jacob partit pour le pays de Canaan, avec Léa et Rachel, à nouveau enceinte, leurs deux servantes et les enfants, qu'il avait fait monter sur des chameaux, et un immense troupeau de moutons et de chèvres qu'il poussait devant lui.

La rencontre avec Esaü et la lutte avec l'Ange

Jacob s'attendait à rencontrer Esaü et il redoutait ce moment.

Esaü demeurait dans le pays de Seïr, au sud de la mer Morte. Jacob lui envoya des messagers pour le saluer. Ils revinrent vers leur maître pour lui apprendre qu'Esaü marchait à sa rencontre avec quatre cents hommes.

Jacob prit peur et répartit ses gens et ses biens en deux camps, par mesure de précaution. Puis il invoqua le Seigneur qui lui avait promis de multiplier sa descendance comme le sable de la mer.

Il envoya devant lui une partie de ses troupeaux qu'il voulait offrir à Esaü, dans l'espoir d'adoucir son humeur.

Puis il fit passer le gué du Yabboq[1] à ses deux femmes, ses deux servantes, ses onze fils, avec tous leurs biens.

Lui-même resta seul.

Quelqu'un lutta avec lui toute la nuit, jusqu'au lever du jour. Un ange ? Dieu Lui-même ?

Comme il ne parvenait pas à maîtriser Jacob, il frappa celui-ci à l'articulation de la hanche. Elle se déboîta tandis que tous deux roulaient dans la poussière.

Il dit à Jacob :

— Lâche-moi car l'aurore s'est levée.

— Je ne te lâcherai pas avant que tu ne m'aies béni.

1. Affluent du Jourdain, sur la rive est.

— Quel est ton nom ?

— Jacob.

— Désormais tu ne t'appelleras plus Jacob, mais Israël[1], car tu t'es montré fort contre Dieu et tu l'emporteras contre les hommes.

— Je t'en prie, dis-moi ton nom, à toi !

— Pourquoi me demandes-tu mon nom ?

Sur ce, il bénit Jacob.

Jacob appela ce lieu Penuel – ce qui signifie « Visage de Dieu ». Il avait vu Dieu face à face et il n'était pas mort[2].

Au lever du soleil, il quitta Penuel. Il boitait.

Il leva les yeux : Esaü s'approchait, accompagné par quatre cents hommes. Jacob se prosterna sept fois devant son frère avant de l'aborder. Mais celui-ci se précipita à sa rencontre et le prit dans ses bras en pleurant.

— Qui sont donc tous ceux-là ? dit-il en désignant les femmes et les enfants de Jacob.

— Ce sont les enfants que Dieu a donnés à ton serviteur.

Les servantes, puis Léa, puis Rachel et leurs fils se prosternèrent à leur tour devant Esaü.

1. Jeu de mots : Israël signifie « tu as lutté avec Dieu » ou « fort contre Dieu ».

2. La vision directe de Dieu présente pour l'homme un danger mortel.

Ensuite les deux frères se séparèrent. Jacob se rendit au pays de Canaan, qu'il parcourut du nord au sud.

Comme ils arrivaient près de Bethléem, Rachel accoucha. L'accouchement fut pénible. « Tu as un fils de plus ! » annonça la sage-femme. Avant de rendre le dernier soupir, Rachel nomma le nouveau-né Ben-Oni, « Fils du Deuil », mais son père changea de façon positive son nom en Benjamin, « Enfant de Bon Augure ». Rachel mourut. Jacob l'enterra sur la route de Bethléem et dressa une stèle sur sa tombe. Elle s'y trouve encore.

À présent, Jacob avait douze fils. Ils seront les ancêtres des douze tribus d'Israël.

Après la mort de sa bien-aimée Rachel, Jacob se rendit à Mambré, près d'Hébron, là où avait séjourné Abraham. Il y retrouva son vieux père Isaac.

Isaac mourut à l'âge de cent quatre-vingts ans et fut pieusement enseveli par ses deux fils, Esaü et Jacob.

(Genèse)

4. Joseph

Joseph vendu par ses frères

L'histoire de Joseph se déroule comme un roman : enchaînement de scènes tantôt dramatiques, tantôt sentimentales, rebondissements, coups de théâtre jusqu'à l'épisode final. Dieu n'apparaît plus comme un personnage à part entière, sur le devant de la scène, tel qu'il était dans les récits précédents. Mais c'est lui qui mène le jeu dans l'ombre et conduit le destin de Joseph, et par conséquent, celui du peuple hébreu.

Jacob préférait Joseph à ses autres enfants, car c'était Rachel, son épouse bien-aimée, qui lui avait donné naissance, alors que lui-même était déjà vieux. Les frères de Joseph avaient bien remarqué cette préférence, d'autant plus que leur père venait d'offrir une tunique princière à son fils chéri. Ils le jalousaient terriblement et lui parlaient avec rudesse.

Un jour Joseph leur raconta un rêve qu'il venait de faire.

— Vous et moi étions en train de lier des gerbes dans un champ, lorsque ma gerbe se dressa et les vôtres se prosternèrent devant elle.

— Veux-tu dire que tu régneras sur nous comme un roi ? s'exclamèrent-ils et ils le détestèrent encore plus.

À quelque temps de là, Jacob demanda à Joseph d'aller retrouver ses frères, partis vers le nord faire paître les troupeaux.

— Va voir comment ils se portent et reviens me donner de leurs nouvelles.

Joseph obéit. Ses frères l'aperçurent de loin.

— Voici qu'arrive l'homme aux songes. Tuons-le ! Et nous dirons qu'une bête sauvage l'a dévoré. On verra alors ce que deviendront ses beaux songes !

— Non, répliqua Ruben, le fils aîné. Ce n'est pas bien de répandre le sang. Jetons-le plutôt dans cette citerne.

C'était une citerne vide, car il n'avait pas plu depuis longtemps dans cette région désertique.

Dès que Joseph arriva près d'eux, ses frères se jetèrent sur lui, le dépouillèrent de sa belle tunique princière et le précipitèrent dans la citerne. Puis ils s'assirent pour manger.

Comme ils levaient les yeux, ils virent s'approcher une caravane d'Ismaélites[1]. Leurs chameaux transportaient de la gomme et de la résine aromatiques, qu'ils allaient livrer en Égypte et qui serviraient à embaumer les momies.

— Plutôt que de tuer Joseph, vendons-le aux Ismaélites, proposa Juda, l'un des frères. Ce sera plus profitable !

Tous l'approuvèrent et Joseph fut vendu pour vingt pièces d'argent aux Ismaélites.

Ils l'emmenèrent en Égypte. Là, Potiphar, un Égyptien d'importance, commandant des gardes de Pharaon[2], l'acheta comme esclave.

Après son départ, les frères de Joseph trempèrent sa tunique dans le sang d'un bouc égorgé et la rapportèrent à leur père.

— C'est la tunique de mon fils ! cria Jacob. Une bête féroce l'a dévoré !

Il prit le deuil et demeura inconsolable.

1. Descendants d'Ismaël, venus du nord de l'Arabie.
2. Souverain tout-puissant de l'Égypte, adoré comme un dieu.

Joseph en Égypte

Un autre intérêt de ce texte est son aspect réaliste. Son auteur connaissait bien l'Égypte et nous apprend beaucoup sur la manière de vivre des Égyptiens, sur la cour de Pharaon et sur le rôle joué par celui-ci.

Joseph était esclave dans la maison de Potiphar l'Égyptien.

Mais Dieu lui vint en aide. Tout ce qu'il entreprenait réussissait. Voyant cela, son maître lui confia sa maison et ses biens et il en fit son intendant.

Joseph était un beau jeune homme et la femme de Potiphar tomba amoureuse de lui. Elle essaya vainement de le séduire.

Un jour que son mari était absent et qu'elle se trouvait seule avec Joseph, elle l'attira près d'elle. Comme il la repoussait avec horreur, elle s'accrocha à lui, le saisit par son vêtement. Joseph le lui laissa entre les mains et s'enfuit.

Alors la femme poussa un grand cri pour alerter ses serviteurs et, leur montrant le vêtement de Joseph, accusa celui-ci, un misérable esclave hébreu, d'avoir voulu abuser d'elle. Elle répéta ses accusations quand Potiphar revint.

L'Égyptien entra en fureur et fit jeter son esclave en prison.

Mais Dieu lui vint en aide. Le geôlier chef de la prison se montra bienveillant à son égard et bientôt lui confia tous les prisonniers.

Or, parmi eux, se trouvaient deux officiers de Pharaon, qui avaient été jugés coupables de malhonnêteté : le grand échanson[1] et le grand panetier[2].

La même nuit, ils firent chacun un rêve étrange qu'ils ne parvenaient pas à s'expliquer. Joseph, à qui ils l'avaient raconté, les aida à comprendre : il s'agissait de leur avenir. Le grand échanson serait pardonné et rétabli dans sa fonction. Le grand panetier serait pendu.

Ce fut exactement ce qui se produisit trois jours plus tard.

Joseph avait demandé à celui qui allait rentrer en grâce d'intercéder pour lui auprès de Pharaon. Il avait été enlevé du pays des Hébreux et n'avait jamais rien fait de mal en Égypte.

Mais le grand échanson oublia et Joseph demeura en prison pendant deux ans encore.

1. Officier dont la fonction est de servir à boire au souverain.

2. Officier chargé du pain à la table du souverain.

Les songes de Pharaon

Les songes tiennent une place importante dans l'Ancien Testament. Chez les Hébreux, le songe est signe de la présence de Dieu ; par son intermédiaire Dieu fait connaître aux hommes sa volonté. Chez les Égyptiens, le songe joue plutôt un rôle prémonitoire : il permet de connaître l'avenir. C'est le cas dans l'histoire de Joseph.

Pharaon eut un songe. Il se tenait au bord du Nil et sept belles vaches grasses sortaient du fleuve et se mettaient à paître. Alors surgirent sept vaches maigres très laides qui dévorèrent les sept vaches grasses.

Pharaon se rendormit et rêva encore. Sept gros épis appétissants montaient d'une seule tige, sept épis grêles, brûlés par le vent d'est, poussaient à côté d'eux. Ils se jetèrent sur les sept gros épis et les engloutirent.

Au matin, Pharaon s'éveilla, l'esprit troublé. Il fit venir tous les devins et tous les sages d'Égypte pour leur demander d'expliquer ses rêves : aucun d'eux n'y parvint.

Le grand échanson se souvint alors, avec quelque remords, du jeune Hébreu, esclave de Potiphar, qui avait su interpréter les songes. Ce qu'il avait prévu s'était exactement réalisé.

Pharaon fit appeler Joseph. On alla le chercher à la prison. On lui donna des vêtements neufs, on le rasa, ensuite on put le présenter au souverain.

— J'ai entendu dire de toi qu'il te suffit d'entendre raconter un rêve pour savoir l'interpréter.

— Ce n'est pas moi, c'est Dieu qui peut donner une réponse à Pharaon.

Pharaon raconta ses deux rêves.

— Ces deux rêves n'en font qu'un, déclara Joseph. Dieu annonce à Pharaon ce qu'Il va accomplir. Les sept belles vaches et les sept gros épis représentent sept années d'abondance. Les sept vaches maigres et les sept épis brûlés seront sept années de famine. Après sept années d'abondance, la famine épuisera durement l'Égypte et, pendant sept ans, on oubliera ce que signifiait le mot « abondance ». Il faut que Pharaon trouve un homme intelligent et sage et qu'il l'établisse pour qu'il puisse diriger le pays. Que Pharaon impose au cinquième tous les Égyptiens, que ses fonctionnaires ramassent tous les vivres, qu'ils emmagasinent tout le blé possible pour servir de réserves au temps de la famine. Ainsi le pays ne se dépeuplera pas.

Ce discours plut à Pharaon.

— Où trouverons-nous, dit-il à ses officiers, un homme comme celui-ci, en qui se tient l'esprit de

Dieu ? Il s'adressa à Joseph : C'est toi qui seras mon premier ministre et mon peuple t'obéira. Tu n'auras pas d'autre supérieur que moi-même.

Il retira son anneau de son doigt et l'enfila au doigt de Joseph, le revêtit d'habits de lin et lui passa au cou un collier d'or. Il le fit monter sur le meilleur char – après le sien – et l'on criait devant lui : « Attention ! Attention ! »

Joseph avait alors trente ans. Pharaon lui donna pour femme la fille du grand prêtre d'Héliopolis, la ville où l'on honorait le soleil. D'elle il eut deux fils, Manassé – ce qui signifie « il m'a fait oublier ma peine » – et Ephraïm – ce qui signifie « il m'a rendu fécond ».

Pendant les sept années d'abondance, la terre égyptienne produisit beaucoup. Joseph fit ramasser tous les vivres de la campagne pour les déposer dans les villes. Il accumula du blé en quantités énormes, tel le sable de la mer, si bien qu'on renonça à en établir le compte exact.

Quand ces années prirent fin et que la famine commença à se faire sentir, il y avait encore du pain en Égypte. Mais bientôt le pays souffrit de la faim. Joseph ouvrit les magasins à blé et se mit à vendre du grain. De toute la terre on vint en Égypte pour en acheter, car la famine s'aggravait partout.

Joseph retrouve ses frères

La famine s'était aussi abattue sur le pays de Canaan.

Jacob dit à ses fils :

— Pourquoi restez-vous à vous regarder ? Il y a du grain à vendre en Égypte. Allez-y et achetez-en et nous resterons en vie !

Dix des frères de Joseph se rendirent en Égypte, Jacob ayant gardé près de lui le plus jeune, Benjamin, de peur qu'il ne lui arrivât malheur.

Quand ils se trouvèrent devant Joseph, ils se prosternèrent, la face contre terre, selon la coutume orientale. Ils ne l'avaient pas reconnu. Lui avait su immédiatement qui ils étaient.

Il leur parla avec dureté et les traita d'espions. Malgré leurs protestations, il exigea qu'ils laissent en otage l'un d'eux, Siméon, et qu'ils repartent chercher le plus jeune. Puis il les renvoya après avoir rempli de blé leurs sacs.

Quand ils retournèrent près de leur père, Jacob se mit en colère. Il ne voulait pas laisser partir son dernier fils, Benjamin, l'enfant qui avait coûté la vie à sa mère Rachel, l'épouse bien-aimée.

Mais la famine pesait sur Canaan. Jacob dit finalement :

— Eh bien ! puisqu'il le faut, partez ! Emportez les meilleurs produits de notre terre, de la résine, de la gomme, du miel, des pistaches et des amandes, pour les offrir à cet Égyptien, qui est le seigneur du pays. Que Dieu touche le cœur de cet homme et qu'il laisse revenir l'enfant, Benjamin, votre frère... Et moi, je resterai seul.

Les frères de Joseph retournèrent donc en Égypte avec le plus jeune.

Quand Joseph les aperçut, il demanda à son intendant de les conduire dans sa maison.

— Tue une bête et fais-la cuire, lui dit-il, car ces gens vont manger avec moi à midi.

Puis il s'éloigna. L'intendant leur apporta de l'eau pour qu'ils se lavent les pieds et donna du fourrage à leurs ânes. Il fit aussi venir Siméon, qui était resté comme otage. Mais les onze frères demeuraient inquiets.

Quand Joseph rentra dans sa maison, ils lui offrirent les présents qu'ils avaient apportés et se prosternèrent jusqu'à terre devant lui. Joseph les salua amicalement et leur demanda des nouvelles de leur père. Puis il remarqua Benjamin.

— Est-ce là votre plus jeune frère ? Dieu te fasse grâce, mon fils !

Joseph était si ému que les larmes lui vinrent aux yeux et pour qu'on ne le vît pas pleurer, il se retira dans sa chambre. Il se lava le visage, se domina et retourna dans la salle où le repas était servi. Chacun reçut devant lui un plat, mais celui de Benjamin était cinq fois plus copieux que celui des autres.

Ensuite tous burent et se réjouirent.

Joseph s'adressa en cachette à son intendant :

— Remplis de vivres les sacs de ces hommes, mais dans le sac du plus jeune tu glisseras ma coupe d'argent.

Le matin venu, les frères de Joseph s'en allèrent avec leurs ânes.

Un peu plus loin, sur la route, l'intendant les rattrapa.

— Pourquoi vous êtes-vous conduits de la sorte ? leur dit-il. Vous rendez le mal pour le bien ! Pourquoi avez-vous pris la coupe de monseigneur, qui lui sert à boire et à deviner l'avenir dans les gouttes d'eau ?

— Nous n'avons rien pris ! affirmèrent-ils. Si vous trouvez la coupe dans un de nos sacs, alors que le voleur devienne l'esclave de votre maître ! Mais nous ne risquons rien !

L'intendant fouilla leurs sacs et trouva la coupe dans le sac de Benjamin.

Tous retournèrent dans la maison de Joseph, qui leur reprocha leur mauvaise action. Il les renvoya dans leur pays et prétendit garder Benjamin en esclavage.

Juda intervint :

— J'ai promis à notre père de lui ramener l'enfant. C'est sûr, notre père mourra s'il ne le revoit pas ! Monseigneur, laisse partir l'enfant et prends-moi comme esclave à sa place.

Cette fois, c'en était trop pour Joseph. Il ne put se contenir plus longtemps. Il renvoya tous ses gens et se fit reconnaître de ses frères.

— Je suis Joseph, celui qu'autrefois vous avez vendu. Ne le regrettez pas. C'est Dieu qui l'a voulu ainsi. C'est Dieu qui m'a envoyé ici, pour que vous ne mouriez pas et que notre peuple vive. Dieu m'a établi maître de l'Égypte. Allez chercher notre père. Ramenez-le avec ses enfants, ses petits-enfants, ses troupeaux. Je me chargerai de leur entretien, car il va y avoir encore cinq années de famine, cinq années sans labour ni moisson. Racontez tout à notre père et ramenez-le vite !

Alors, Joseph se jeta au cou de Benjamin et le serra contre lui en pleurant. Benjamin en fit autant.

Ils s'embrassèrent tous et causèrent pendant longtemps.

Pharaon dans son palais avait entendu dire que Joseph avait retrouvé ses frères. Il leur fournit des chariots : grâce à ceux-ci, après leur retour en Canaan, ils ramèneraient plus facilement en Égypte les femmes, les enfants et le vieux père. Il promit aussi de leur donner les meilleures terres, dans le delta du Nil.

Lorsqu'on apprit à Jacob que son fils préféré était encore en vie et devenu maître du pays, il ne voulut pas le croire. Il comprit que c'était vrai en voyant les chariots venus d'Égypte.

Il partit avec tous les siens, avec tout ce qu'il possédait. Il s'arrêta en route pour offrir un sacrifice à Dieu. Il rêva.

Dieu l'appelait :

— Jacob ! Jacob !

— Me voici.

— Je suis Dieu, le Dieu de ton père. N'aie pas peur de descendre en Égypte. Je ferai de toi là-bas un grand peuple. C'est moi qui y descendrai avec toi, c'est moi qui t'en ferai remonter. C'est Joseph qui te fermera les yeux.

Les Hébreux s'installèrent dans le delta du Nil. Lorsque la famine cessa, ils devinrent prospères et ils eurent beaucoup d'enfants.

Jacob vécut jusqu'à l'âge de cent quarante-sept ans. Avant de mourir, il adopta et bénit les deux fils de Joseph, Manassé et Ephraïm, puis il appela tous ses enfants et prédit à chacun son destin, le destin des douze tribus d'Israël. Il fit promettre à Joseph d'emmener sa dépouille dans le tombeau de ses ancêtres en Canaan. Puis il mourut. On embauma son corps.

Au bout de soixante-dix jours, Joseph obtint de Pharaon l'autorisation de monter au pays de

Canaan et il ensevelit son père dans la grotte qu'Abraham avait achetée, près de Mambré, là où il reposait avec Sara, Isaac et Rébecca, et Léa, la première femme de Jacob.

Joseph mourut à l'âge de cent dix ans. Auparavant, il s'adressa à ses frères :

— Dieu vous visitera et vous fera remonter d'Égypte dans le pays qu'Il a promis à nos pères, Abraham, Isaac et Jacob. Alors vous emporterez d'ici mes ossements.

En attendant ce jour, son corps fut embaumé et déposé dans un cercueil, en Égypte.

(Genèse)

5. Moïse

Moïse sauvé des eaux

Moïse, dans la Bible, est une figure essentielle. C'est lui qui permet aux Hébreux de se libérer de l'esclavage et de sortir d'Égypte, qui conduit le peuple dans le désert jusqu'à l'entrée de la Terre promise et qui lui donne ses lois. Il sert de médiateur entre les Hébreux et Dieu. C'est un prophète : non pas celui qui prédit l'avenir, mais un homme de Dieu.

Les enfants d'Israël[1] s'étaient établis près de Joseph dans le delta du Nil. Au bout de quatre siècles, ils étaient devenus puissants et très nombreux. Un nouveau Pharaon vint au pouvoir. Il estima que le peuple hébreu installé en Égypte représentait un danger pour son pays.

Les Hébreux furent soumis aux travaux forcés. Ils préparaient le mortier, moulaient les briques pour construire des villes ou bien travaillaient durement dans les champs et leurs chefs de corvée se montraient impitoyables. Mais cela ne suffit pas à Pharaon, car les enfants d'Israël continuaient à se multiplier. Il ordonna que tous les fils des Hébreux soient jetés dans le fleuve ; seules les filles auraient la vie sauve.

Un homme de la tribu de Lévi eut un fils. Sa mère réussit à le cacher ; mais lorsque l'enfant eut trois mois, cela devint impossible. Elle prit une corbeille, faite de tiges de papyrus entrelacées, elle l'enduisit de bitume et de poix, afin qu'elle fût étanche. Puis elle y mit l'enfant et le déposa dans les roseaux qui bordaient le fleuve. La sœur du bébé resta à quelque distance de là, pour savoir ce qui arriverait à son frère.

Or la fille de Pharaon descendit jusqu'au Nil pour s'y baigner, tandis que ses suivantes se promenaient

1. Les enfants d'Israël : descendants de Jacob, qui a été nommé Israël par Dieu, après sa lutte avec l'ange au gué du Yabboq.

sur la rive. Elle aperçut la corbeille, envoya une de ses suivantes la prendre, l'ouvrit et vit l'enfant qui pleurait. « C'est un petit Hébreu ! » s'écria-t-elle et elle eut pitié de lui. La sœur du bébé accourut et lui proposa d'aller chercher une nourrice pour l'allaiter. « Vas-y », répondit la fille de Pharaon. La petite alla chercher sa mère. « Emmène-le et nourris-le pour moi. Je te paierai », dit la fille de Pharaon en tendant le bébé à sa propre mère.

Lorsque l'enfant fut grand, sa mère le ramena à la fille de Pharaon, qui le traita comme son propre fils. Elle le nomma « Moïse », c'est-à-dire « Celui qu'on a tiré de l'eau ».

Le buisson ardent

La mission que Dieu va confier à Moïse est difficile et celui-ci en a conscience ; il l'accepte cependant. Au début, il ne se sent pas capable d'agir seul, il a besoin de son frère Aaron. Quand il aura pris plus d'assurance, il restera cependant un homme modeste, dont la force vient du Seigneur, en qui il a une foi inébranlable.

Devenu adulte, Moïse se rendit compte du sort misérable des enfants d'Israël, ses frères. Il vit un jour un Hébreu roué de coups par un Égyptien ; il se jeta sur celui-ci et le tua. Pour échapper à la poursuite des hommes de Pharaon, il dut s'enfuir très loin, dans le désert de Madiân[1]. Là, il fut reçu par le prêtre Jéthro, qui lui donna une de ses filles en mariage.

De nombreuses années passèrent. Les Hébreux demeuraient esclaves sous la domination d'un autre Pharaon, le précédent étant mort.

Moïse faisait paître les moutons de son beau-père et se trouvait, avec son troupeau, au pied du mont Horeb[2], lorsqu'il aperçut devant lui un buisson en flammes. Le buisson brûlait mais demeurait intact, sans se réduire en cendre. Comme c'était étrange ! Moïse s'avança pour mieux voir. Alors Dieu l'appela du milieu du buisson.

— Moïse ! Moïse !

— Me voici.

— Ne t'approche pas, ôte tes sandales : ici, le sol est sacré. Car je suis le Dieu de ton père, le Dieu d'Abraham, d'Isaac et de Jacob.

En entendant ces mots, Moïse se voila le visage pour ne pas risquer de regarder Dieu en face.

Dieu continua :

— J'ai entendu les plaintes de mon peuple en Égypte. Je vais le délivrer et le conduire dans un

1. Madiân : région du sud de la Palestine.

2. Mont Horeb : autre nom du mont Sinaï.

pays vaste et fertile, ruisselant de lait et de miel[1]. Toi, tu iras trouver Pharaon pour qu'il laisse mon peuple sortir d'Égypte.

— Qui suis-je pour aller trouver Pharaon ?

— Ne t'inquiète pas... Je serai avec toi. Quand tu auras mené le peuple hors d'Égypte, vous viendrez tous célébrer mon culte sur cette montagne.

— Bien ! J'irai voir les enfants d'Israël. Je leur dirai que le Dieu de leurs pères m'envoie vers eux. Mais que leur répondrai-je s'ils me demandent son nom ?

— Je suis qui je suis. Tu leur diras : c'est Yahvé[2], c'est le Seigneur, le Dieu de vos pères, le Dieu d'Abraham, d'Isaac et de Jacob, qui m'a envoyé vers vous. Tu iras trouver les Anciens d'Israël et tu leur répéteras ces paroles. Puis, eux et toi, vous vous rendrez auprès de Pharaon et vous lui demanderez l'autorisation d'aller avec votre peuple dans le désert, à trois jours de marche, pour offrir un sacrifice à votre dieu. Pharaon repoussera votre

1. Un pays ruisselant de lait et de miel : c'est la Terre promise. Le lait évoque l'élevage des animaux et le miel, les récoltes de toutes sortes.

2. Yahvé est une forme très ancienne du verbe « être » en hébreu. Le nom de Dieu reste mystérieux. De même qu'on ne peut contempler Dieu face à face – ce que fera exceptionnellement Moïse plus tard – certains croyants pensent qu'il ne faut pas prononcer son nom.

demande. Aussi étendrai-je la main sur lui, je frapperai l'Égypte de façon prodigieuse et il vous laissera partir.

— Mais que se passera-t-il si les Anciens refusent de me croire ?

— Qu'as-tu en main ? Un bâton ? Jette-le à terre !

Moïse obéit et le bâton se changea en serpent.

— Prends-le par la queue, ordonna Dieu.

Moïse le prit par la queue et le serpent redevint bâton.

— Si les enfants d'Israël refusent encore de te croire, puise de l'eau au fleuve, répands-la sur le sol : à la place de l'eau, il y aura du sang.

— Mais, dit Moïse, même s'ils me croient, je ne sais pas parler aux gens. J'ai la langue épaisse, mes discours sont maladroits. Il vaudrait mieux charger quelqu'un d'autre de cette mission.

— Eh bien ! demande à ton frère Aaron, le prêtre, de parler à ta place. Lui sait bien s'exprimer. Tu lui souffleras ce qu'il devra dire. Justement, le voici qui s'approche. Quant à toi, prends ce bâton en main. Il te servira à accomplir des prodiges.

Alors Moïse fit ses adieux à son beau-père et partit vers le pays d'Égypte avec son épouse et son fils, montés sur un âne. Il tenait son bâton à la main.

Les dix plaies d'Égypte

L'eau changée en sang

Moïse et Aaron allèrent trouver Pharaon, qui refusa de les laisser partir avec leur peuple. Alors Aaron jeta devant les courtisans le bâton de Moïse, qui se transforma en serpent. Mais Pharaon convoqua ses magiciens, qui en firent autant, et renvoya les deux Hébreux.

Le lendemain, Moïse et Aaron se rendirent sur la rive du fleuve et attendirent Pharaon, qui venait chaque matin au bord du Nil. Aaron étendit le bâton de Moïse au-dessus de l'eau et celle-ci devint du sang. Il en fut de même dans toutes les rivières, les canaux, les marais et les réservoirs. Les poissons crevèrent, le fleuve en fut empuanti et les Égyptiens n'osaient plus boire de son eau. Mais les magiciens d'Égypte, par leurs sortilèges, changèrent eux aussi l'eau en sang. Aussi Pharaon ne prit-il au sérieux aucun de ces prodiges et retourna dans son palais, sans écouter personne.

Les grenouilles

Sept jours plus tard, Aaron étendit le bâton de Moïse au-dessus des rivières, des canaux, des étangs : il en jaillit des grenouilles, des milliers de grenouilles, qui entraient dans les maisons, grimpaient sur les lits, se faufilaient dans les fours et dans les pétrins[1]. Les magiciens aussi savaient faire venir les grenouilles ; mais ils ne savaient comment s'en débarrasser et Pharaon dut rappeler Moïse et Aaron. Il leur promit de les laisser partir avec leur peuple. Quand les grenouilles eurent disparu, il revint sur sa promesse.

Les moustiques

Le ciel d'Égypte fut alors envahi par les moustiques, qui piquaient bêtes et gens sans relâche, les magiciens encore plus que les autres, réduits à l'impuissance. Pour éloigner les insectes, Pharaon promit aux Hébreux ce qu'ils voulaient et puis, les moustiques éloignés, renia sa parole.

Les taons

Des taons s'attaquèrent à tous les êtres qu'ils rencontraient, sur les terres et dans les maisons – sauf

1. Pétrins : coffres dans lesquels on pétrit la pâte à pain.

celles des enfants d'Israël. Mais Pharaon persista dans son refus.

L'épidémie dans les troupeaux

Tout le bétail fut atteint – sauf celui des Hébreux. Ânes, chevaux, chameaux, bœufs et moutons, tous succombèrent, contaminés par une maladie extrêmement contagieuse.

Mais Pharaon resta inébranlable.

Les furoncles

Les animaux comme les êtres humains – sauf les Hébreux et leurs troupeaux, bien entendu – se couvrirent de boutons purulents. Mais Pharaon resta inébranlable.

La grêle

Yahvé dit à Moïse : « Tends la main vers le ciel et qu'il grêle sur l'Égypte, ses hommes, ses bêtes, l'herbe des champs. » Foudre et grêle tombèrent sur le pays avec une violence telle qu'on n'avait rien vu de semblable depuis des siècles. Le lin en fleur, l'orge en épis furent détruits, rien de ce qui se trouvait dans les champs ne fut épargné. Excepté dans le delta du Nil, où demeuraient les Hébreux.

Pharaon fit appeler Moïse et Aaron : il se reconnaissait coupable et les laisserait partir avec leur peuple. Moïse sortit du palais, tendit les mains vers le Seigneur. Pluie, grêle, foudre et tonnerre cessèrent à l'instant même.

Mais cette fois encore, Pharaon renia sa promesse.

Les sauterelles

— Notre Dieu nous a prévenus, dirent Moïse et Aaron à Pharaon. Si tu refuses encore de nous laisser partir, Il t'enverra des sauterelles, qui dévoreront tout ce que la grêle vous a laissé.

— Jusqu'à quand ces hommes causeront-ils notre malheur ? s'écrièrent les courtisans. Et s'adressant à Pharaon : Ne vois-tu pas que l'Égypte court à sa perte ? Laisse partir ces gens !

Pharaon hésitait. Il finit par accepter de laisser partir les Hébreux, mais seulement les hommes : il garderait en otages les femmes et les enfants..

Alors, Moïse étendit la main au-dessus des terres et Dieu envoya un vent d'est qui souffla toute la nuit. Au matin, un nuage de sauterelles s'abattit sur le territoire ; on n'en avait jamais vu autant ; le sol en était noir. Elles dévorèrent feuilles et fruits, si bien qu'il ne resta plus la moindre trace de verdure sur les arbres, ni dans les champs.

Pharaon convoqua Moïse et Aaron, accepta leur demande et un fort vent d'ouest remporta les sauterelles. Puis, à nouveau, le maître de l'Égypte changea d'avis.

Les ténèbres

Cette fois, Moïse tendit la main vers le ciel : une obscurité profonde couvrit le pays pendant trois jours ; pendant trois jours les Égyptiens ne se reconnaissaient plus les uns les autres ; ils n'osaient pas bouger de leur demeure. Seuls, les enfants d'Israël avaient encore de la lumière.

Pharaon accepta de laisser partir les Hébreux avec leurs enfants, mais sans leurs troupeaux.

— Avec quoi offrirons-nous à notre Dieu des sacrifices ? protesta Moïse.

Pharaon se mit en colère :

— Ah c'est ainsi ? Eh bien va-t'en ! Et prends garde ! Ne parais plus devant moi, sinon tu mourras !

La mort des premiers-nés

Moïse retourna pourtant devant Pharaon.

— Yahvé m'a dit : « Vers minuit, je traverserai l'Égypte. Et tous les premiers-nés mourront. Celui de Pharaon, promis au trône, comme celui de la servante qui travaille à la meule. Et tous les premiers-nés dans les troupeaux. Une immense clameur de détresse s'élèvera du pays, sauf dans les demeures des Hébreux : là, le calme régnera, on n'entendra même pas gronder un chien. » Pharaon, je te préviens, tes courtisans viendront me trouver et me supplieront de partir, avec mon peuple. Et je partirai !

Sur ces mots, Moïse sortit du palais. Mais Pharaon demeura inébranlable.

La Pâque et la sortie d'Égypte

La Pâque est pour les juifs la fête la plus importante, car elle célèbre la fin de l'esclavage et la sortie d'Égypte ; en hébreu elle se dit « pessah », ce qui signifie « passage ». Les juifs se réunissent en famille pour manger le repas spécial décrit dans la Bible. Pour les chrétiens, la fête de Pâques est également très importante : elle rappelle la résurrection du Christ et le passage de la mort à la vie éternelle.

Yahvé dit à Moïse et à Aaron :

— Vous ferez de ce mois dans lequel nous sommes le premier de l'année[1]. Le dix de ce mois,

1. C'est le mois des épis, correspondant à mars-avril, au cours duquel on moissonne l'orge et le blé.

prenez chacun une bête de vos troupeaux, agneau ou chevreau. Gardez-la jusqu'au quatorzième jour. En présence de la communauté, vous l'égorgerez au crépuscule. Vous prendrez un peu de son sang dont vous enduirez votre porte. Ainsi, quand je frapperai tous les premiers-nés d'Égypte, je reconnaîtrai vos maisons et vous échapperez au malheur.

« Cette nuit-là, vous mangerez la viande rôtie, avec du pain sans levain[1] et des herbes amères. Vous mangerez en hâte, la ceinture aux reins, les sandales aux pieds, le bâton à la main, en tenue de voyage. En souvenir de ce jour, vous célébrerez chaque année cette fête.

Alors, Moïse convoqua les Anciens d'Israël et leur rapporta les paroles de Dieu. Et tout le peuple s'agenouilla.

Au milieu de la nuit, Yahvé frappa tous les premiers-nés de l'Égypte. Une immense clameur de détresse s'éleva dans tout le pays. Pharaon ne fut pas épargné, son fils aussi mourut. Il convoqua Moïse et Aaron en pleine nuit et leur dit :

— Levez-vous et partez, vous, et tout votre peuple, et tous vos troupeaux. Allez prier votre dieu. Et appelez sur moi sa bénédiction.

1. Le pain sans levain, ou pain azyme. Les Hébreux, prêts à partir, n'ont pas le temps de faire lever la pâte avec le levain, ce produit fermenté qui sert à la faire gonfler.

Les Égyptiens se lamentaient : « Nous allons tous mourir ! » et ils pressaient les Hébreux de quitter le pays. Les enfants d'Israël partirent en emportant la pâte à pain qui n'avait pu lever ; ils portaient sur l'épaule leur pétrin, enveloppé dans leur manteau.

Ils étaient au nombre de six cent mille, sans compter les femmes et les enfants. Toutes sortes de gens s'étaient joints à eux et ils emmenaient leurs troupeaux, de gros et de petit bétail.

Ils n'avaient pas eu le temps de préparer des provisions et se contentèrent de faire cuire la pâte sans levain pour obtenir des galettes.

Moïse emportait les ossements de son ancêtre Joseph, qui avait souhaité être enterré dans le pays promis par Dieu.

Yahvé guidait les Hébreux en les précédant, le jour, sous la forme d'une colonne de nuages et, la nuit, sous celle d'une colonne de feu.

Ils campèrent en bordure du désert, puis sur la rive de la mer des Roseaux.

Le passage de la mer des Roseaux

On ne sait pas exactement quel itinéraire les Hébreux en fuite ont suivi. La mer des Roseaux peut être un lac ou une lagune proche de la Méditerranée ou bien la mer Rouge dans sa partie nord. Bien qu'on ne possède pas de traces historiques des faits rapportés par la Bible, on peut situer la sortie d'Égypte au XIII*e siècle avant Jésus-Christ, sous le règne de Ramsès II.*

Cependant, Pharaon regrettait d'avoir laissé partir une main-d'œuvre qu'il pouvait exploiter. Il fit atteler son char de guerre et rassembler ses troupes : il prit six cents des meilleurs chars, chacun avec ses écuyers, et ils se lancèrent à la poursuite des Hébreux, qui campaient au bord de la mer.

Quand les fils d'Israël s'aperçurent que les Égyptiens les poursuivaient, ils s'affolèrent et crièrent à Moïse :

— Pourquoi nous as-tu emmenés ici ? Il ne manquait pourtant pas de tombeaux en Égypte ! Il vaudrait mieux pour nous servir des Égyptiens que de périr dans le désert !

— N'ayez pas peur, répondit Moïse. Tenez bon. Le Seigneur combattra pour vous et les Égyptiens que vous voyez aujourd'hui, vous ne les reverrez plus jamais !

Et, comme Moïse s'adressait au Seigneur, « Pourquoi m'appelles-tu ? demanda Yahvé. Dis aux enfants d'Israël de se remettre en route. Et toi, étends la main au-dessus de la mer et fends-la, pour que ton peuple passe à pied sec. Moi, je me glorifierai aux dépens de Pharaon et de ses chars. Et les Égyptiens sauront que c'est moi le Seigneur. »

Moïse étendit la main sur la mer. Les flots s'ouvrirent et les enfants d'Israël passèrent à pied sec entre deux murailles d'eau.

Les Égyptiens – Pharaon, ses chars, ses chevaux et ses écuyers – poursuivirent les Hébreux jusqu'au milieu des flots. Or le Seigneur avait bloqué les roues des chars qui n'avançaient qu'à grand-peine. Il dit à Moïse :

— Étends la main sur la mer, que les eaux reviennent engloutir l'Égypte !

Moïse étendit la main sur la mer, qui revint à sa place habituelle. Les eaux recouvrirent chars et cavaliers. Il ne resta aucun survivant.

Alors les Hébreux reconnurent la puissance de Dieu, qui les avait sauvés et avait anéanti l'Égypte. Ils craignirent le Seigneur, ils eurent foi en Lui et en Moïse, son serviteur.

Avec eux, Moïse entonna un cantique :

Je chante le Seigneur
Qui par un coup d'éclat
À la mer rejeta
Cheval et cavalier.
Le Seigneur est guerrier.

En Lui est mon salut.
C'est le Dieu de mon père,
C'est Lui que je louerai.
Ô Seigneur ! ta main droite
Éclate de puissance,
Fracasse l'ennemi.
Tu fis souffler le vent
Et les flots se dresser.
Qui est semblable à Toi ?
Qui est saint comme Toi ?
Comme Toi redoutable ?
Tu as conduit ton peuple
Vers ta sainte demeure.
Dans le pays promis
Tremblent les habitants,
Muets et pétrifiés
D'effroi et de terreur,
Lorsqu'arrive ton peuple,
Que Tu le fais entrer
Dans tes hautes montagnes,
Ta demeure sacrée.
Sois loué à jamais !

Et Miryam, la sœur de Moïse et d'Aaron, prit un tambourin ; et toutes les femmes à sa suite dansèrent et jouèrent du tambourin. Et Miryam chanta :

Loué soit le Seigneur
Qui, par un coup d'éclat,

Cheval et cavalier
À la mer rejeta !

La traversée du désert

La longue file des Hébreux s'étirait dans le désert. Le quinzième jour du deuxième mois, ils commencèrent à ressentir la faim. Ils murmuraient contre Moïse et Aaron. :

— C'est au pays d'Égypte que nous aurions dû terminer notre vie... Quand nous étions assis à côté d'une marmite toujours pleine de viande, quand nous avions du pain... Vous nous avez amenés dans ce désert pour que nous mourions de faim.

— Ce n'est pas contre nous que vous murmurez, répondirent Moïse et Aaron, mais contre le Seigneur. Il vous a entendus et vous aurez de la viande, ce soir, et, au matin, du pain. Et vous saurez que c'est grâce à Lui que vous êtes sortis d'Égypte.

Le soir même, des cailles, qui volaient en grand nombre dans le ciel, tombèrent, épuisées, sur le sol. Le lendemain matin, une couche de rosée couvrit le sable et, quand elle s'évapora, il restait à la surface du désert une sorte de givre, fin et crissant.

— Qu'est-ce que c'est ? demandèrent les Hébreux.

— C'est le pain que vous donne Yahvé. Que chacun en prenne autant qu'il lui en faut pour lui et sa famille, pas plus. Vous en aurez chaque matin, six jours de suite. Le sixième jour, vous en aurez double ration ; car le septième jour, jour du sabbat, vous vous reposerez et vous louerez Dieu.

Les enfants d'Israël donnèrent à cette substance le nom de « manne ». Cela ressemblait à de la graine de coriandre, blanche, avec un goût de galette au miel. Les Hébreux devaient en manger pendant quarante ans, jusqu'à leur arrivée dans la Terre promise, le pays de Canaan.

Ils poursuivirent leur voyage. Un soir, à l'endroit où ils campaient, ils ne trouvèrent pas d'eau. Ils avaient soif. Ils recommencèrent à murmurer contre Moïse. « Pourquoi nous as-tu fait sortir d'Égypte ? Pour que nous mourions de soif, nous, nos enfants et nos bêtes ? » Ils étaient furieux et commencèrent à lui lancer des pierres.

Moïse implora le Seigneur.

— Que dois-je faire pour eux ? Dois-je me laisser lapider ?

— Prends ton bâton, lui répondit Yahvé, et emmène avec toi quelques Anciens. Tu frapperas le rocher et l'eau jaillira.

Moïse exécuta l'ordre de Yahvé, sous les yeux des Anciens, et le peuple put boire.

Comme les Hébreux se désaltéraient, des Amalécites[1] vinrent les attaquer.

— Vite, dit Moïse à Josué, son serviteur, choisis des hommes vaillants et va te battre contre les Amalécites. Moi, je demeurerai au sommet de la colline avec Aaron et Hour[2] et je tiendrai à la main le bâton de Dieu.

Josué et ses hommes gagnèrent le combat. Tant que Moïse élevait le bâton, les Hébreux gagnaient la bataille. Mais dès qu'il baissait les bras parce qu'il était fatigué, les ennemis prenaient le dessus. Alors Aaron et Hour lui soutinrent les bras et il put tenir bon jusqu'au coucher du soleil.

Josué passa tous les Amalécites au fil de l'épée et Moïse éleva un autel à Yahvé pour lui rendre grâces.

Quelque temps plus tard, Jéthro, le beau-père de Moïse, ayant entendu parler des hauts faits de son gendre, vint lui rendre visite. Il entra sous sa tente et Moïse lui raconta tout ce qui s'était passé.

— Béni soit le Seigneur qui vous a délivrés de la main de Pharaon ! s'écria Jéthro. Je vois bien que c'est lui le plus grand de tous les dieux !

Il offrit un sacrifice à Yahvé et participa au banquet qui suivit, avec Moïse, Aaron et les Anciens. Ensuite il retourna chez lui.

1. Amalécites : tribus vivant au sud de la Palestine, mais qui se déplaçaient dans la région du Sinaï.

2. Hour : un autre Hébreu.

L'alliance avec Dieu et les dix commandements

Les dix commandements sont appelés aussi « décalogue », du grec « dix paroles ». Ils sont gravés sur des tables de pierre, les Tables de la Loi.

Trois mois après leur sortie d'Égypte, les Hébreux atteignirent le désert du Sinaï. Ils établirent leur camp en face de la montagne.

Dieu appela Moïse :

— Si ton peuple m'obéit et respecte mon alliance, il sera mon peuple parmi tous les peuples de la terre. Répète mes paroles aux enfants d'Israël. Qu'ils lavent leurs vêtements pour se préparer à ma venue, car je vais descendre sur cette montagne. Ils n'auront pas le droit de s'en approcher, mais ils entendront quand je te parlerai et ils auront désormais confiance en toi.

Moïse répéta les paroles du Seigneur et tout le peuple, d'un seul élan, répondit :

— Ce que Yahvé nous demande, nous le ferons.

Le surlendemain, au lever du jour, au milieu du tonnerre et des éclairs, une épaisse nuée couvrit le haut du mont Sinaï. On entendit résonner une trompe, longuement, puissamment ; la montagne fumait, ébranlée par de violentes secousses. Moïse parla et Dieu lui répondit par des coups de tonnerre. Le peuple, en bas du mont, tremblait.

Alors le Seigneur prononça ces paroles et Moïse les répéta aux Hébreux :

C'est moi, Yahvé, ton Dieu, qui t'ai fait sortir de l'Égypte où tu étais esclave.

1-Tu n'auras pas d'autre dieu que moi.

2-Tu ne feras pas de statues des faux dieux, tu ne te prosterneras pas devant elles, car je suis un dieu jaloux. Je punis la faute des pères sur leurs enfants et leurs arrière-petits-enfants, mais je fais grâce aux pères et à leurs descendants s'ils m'aiment et gardent mes commandements.

3-Tu ne prononceras pas le nom de Dieu à la légère.

4-Tu respecteras le jour du Sabbat. Tu travailleras pendant six jours et te reposeras le septième jour, comme Dieu, qui a fait en six jours le ciel et la terre et s'est reposé le septième jour.

5-Tu honoreras ton père et ta mère.

6-Tu ne tueras pas.

7-Tu ne tromperas pas ta femme – ou ton mari.

8-Tu ne voleras pas.

9-Tu ne feras pas de faux témoignage.

10-Tu ne désireras pas les biens de ton prochain, ni sa maison, ni sa femme, ni ses serviteurs, ni ses bêtes.

Ensuite Dieu dicta à Moïse le Code de l'Alliance, un ensemble de règles à observer dans la vie sociale, vis-à-vis des esclaves, des femmes, des voleurs, des meurtriers.

— Il ne faut pas, ajouta-t-Il, que vous opprimiez les étrangers, car en Égypte vous avez été vous-mêmes des étrangers. Et pensez aux pauvres. Si, en faisant la moisson, vous oubliez dans vos champs quelques épis, ne revenez pas les ramasser. Laissez-les pour l'émigré, la veuve ou l'orphelin.

Dieu expliqua aussi comment construire l'Arche d'Alliance, un coffre rectangulaire en bois d'acacia, entièrement plaqué d'or. Il serait muni d'anneaux sur les côtés, dans lesquels on glisserait des barres de bois, afin de permettre aux hommes de le transporter.

L'Arche abriterait les Tables de la Loi. On l'installerait sous une tente somptueuse, de bois, de tissu de lin, de cuir fin, la Tente de la Réunion. Elle accompagnerait désormais les Hébreux dans tous leurs déplacements.

Lorsque le Seigneur eut fini de parler, Il remit à Moïse les deux tables de pierre sur lesquelles étaient écrits les dix commandements, de la main de Dieu même.

Le veau d'or

Moïse demeura quarante jours et quarante nuits en haut de la montagne. Ne le voyant pas revenir, les enfants d'Israël se groupèrent autour d'Aaron.

— Nous ne savons pas ce que Moïse est devenu. Fais-nous un dieu qui puisse marcher à notre tête.

— Eh bien donnez-moi tous les anneaux d'or qui pendent aux oreilles de vos femmes, de vos fils et de vos filles.

Les Hébreux se hâtèrent de les lui apporter. Aaron fit fondre le métal dans un moule et couler une statue. Elle représentait un veau. Un autel fut bâti devant la statue ; le peuple offrit des sacrifices au veau et s'assit pour manger et pour boire ; puis tous se levèrent pour se divertir. Yahvé les vit du haut de la montagne.

— Redescends, dit-Il à Moïse. Vraiment, ils n'ont pas tardé à désobéir à mes lois ! Ils se sont fabriqué un veau en métal, ils se sont prosternés devant lui, ils l'ont traité comme s'il était le dieu qui les a fait sortir d'Égypte. C'est un peuple indocile, un peuple à la nuque raide. Qu'ils soient punis ! Je vais les exterminer !

Moïse s'efforça de calmer Dieu.

— Renonce à ta colère contre ton peuple ! Ne lui as-tu permis de sortir d'Égypte que pour le détruire ? Souviens-toi d'Abraham, d'Isaac et de Jacob, à qui tu as promis de donner une descendance aussi nombreuse que les étoiles et, en héritage, un pays qui leur appartiendrait.

La colère de Yahvé s'apaisa. Moïse descendait la pente du Sinaï, tenant à la main les Tables de la Loi, lorsqu'il entendit des chants et aperçut le veau entouré par des femmes qui dansaient. À son tour, il fut pris de fureur, jeta les Tables avec tant de force qu'elles se brisèrent sur les rochers. Il saisit le veau, le brûla, en écrasa les cendres, les mélangea avec de l'eau et força tous les Hébreux à en boire. Ceux qui avaient entraîné le peuple à désobéir furent punis. Puis Moïse se tourna vers le Seigneur pour qu'Il pardonne.

— Va avec ton peuple vers la terre que j'ai promise, dit Yahvé, un pays ruisselant de lait et de miel. J'enverrai devant toi un ange et je chasserai les habitants de ce pays. Et toi, Moïse, taille deux autres tables de pierre et j'écrirai sur elles les dix commandements. Ensuite, viens me retrouver au sommet de la montagne.

Alors Dieu renouvela son alliance avec Israël. Moïse demeura avec Lui encore quarante jours et quarante nuits, sans manger de pain ni boire d'eau.

Et quand il redescendit du Sinaï, tenant à la main les tables de pierre, sa face était si rayonnante que personne n'osait l'approcher. Il dut poser un voile sur son visage.

À l'approche de la Terre promise

Moïse est un chef énergique qui, malgré les obstacles et les protestations des Hébreux, réussit à conduire ceux-ci jusqu'à l'entrée du pays de Canaan. Il parvient à leur imposer le culte d'un dieu unique. Il est « l'homme de confiance » de Yahvé – auquel il s'adresse directement, face à face. Mais Moïse est aussi un être humain, parfois pris de découragement et de faiblesse : c'est ce qui le rend proche de nous.

Les Hébreux reprirent leur marche.

Les déserts succédaient aux déserts. Ils étaient fatigués ; depuis des années, ils avaient pour seule nourriture la manne, qu'ils finissaient par détester ; parfois ils manquaient d'eau. Ils regrettaient l'Égypte.

Leurs protestations et leurs plaintes parvenaient jusqu'à Yahvé, qui se fâchait contre eux. Moïse devait intervenir pour L'apaiser : il était l'homme de confiance du Seigneur et, dans la Tente de la Réunion, Dieu lui parlait face à face.

Cependant, il lui arrivait d'être découragé.

— Pourquoi, demanda-t-il un jour à Dieu, m'as-tu imposé la charge de ce peuple ? Je ne peux, à moi seul, le porter, il est trop lourd pour moi.

Le Seigneur alors lui conseilla de se faire aider par quelques Anciens[1]. Comme ils approchaient du pays de Canaan, Moïse envoya douze hommes, un par tribu, pour explorer la contrée, savoir comment étaient les habitants et si le sol était fertile. Parmi eux se trouvait Josué, le serviteur et l'assistant de Moïse.

Les explorateurs revinrent au bout de quarante jours. C'était la saison des premiers raisins. Ils avaient dû se mettre à deux pour porter une branche de vigne, tant la grappe qui y pendait était grosse et lourde. Ils avaient aussi cueilli des grenades et des figues.

— C'est vraiment un pays ruisselant de lait et de miel, déclarèrent-ils. Mais ses habitants sont des géants et leurs villes sont des forteresses.

À ces mots, les Hébreux recommencèrent à se lamenter.

— Nous ne pourrons jamais vaincre ce peuple, il est plus fort que nous. Il aurait mieux valu pour

1. Les Anciens jouent un rôle important dans l'histoire de Moïse et des Hébreux. Chefs de famille ou de clan, gardiens de la tradition, ils peuvent aussi rendre la justice.

nous mourir dans le désert que d'être tués au combat et que nos femmes et nos enfants soient captifs !

— Mais non ! protesta Josué. C'est un pays magnifique dont le Seigneur nous fait don. Ne vous révoltez pas contre Lui. Et n'ayez pas peur : Il sera avec nous.

Mais les enfants d'Israël ne voulurent rien entendre. Ils s'apprêtaient à lapider leurs chefs quand Yahvé apparut, dans sa gloire et dans sa fureur, au-dessus de la Tente de la Réunion. Moïse dut, une fois de plus, intercéder pour eux. Le Seigneur consentit à leur faire grâce de la vie. Il les punit cependant : tous ceux qui étaient partis d'Égypte – excepté Josué – mourraient dans le désert : ils ne parviendraient pas au pays de Canaan. Seuls leurs enfants entreraient dans la Terre promise.

Bon gré mal gré, les Hébreux se remirent en marche. Quand ils rencontraient des peuplades ennemies, ils se battaient, chassaient les habitants de leurs demeures, détruisaient leurs idoles[1] et leurs lieux de culte, mais ils gardaient leurs troupeaux. Cependant, ils traversèrent pacifiquement les terres d'Édom, qui appartenaient aux descendants d'Ésaü, le frère de Jacob, et celles d'Ammon, où se trouvaient les enfants de Lot, le neveu d'Abraham.

1. Idoles : faux dieux aux yeux des Hébreux.

Ils arrivèrent au pays de Moab, à l'est du Jourdain – un fleuve difficile à franchir –, en face de Jéricho – une ville à conquérir. D'avance, ils se distribuèrent le territoire de Canaan, qui devait leur appartenir. Le partage entre les douze tribus se fit par tirage au sort.

Là, Dieu renouvela son alliance avec son peuple. Moïse recommanda aux Hébreux de suivre ses commandements, de Lui rester toujours fidèles, de ne pas servir d'autres dieux. Et il chanta ce cantique[1] :

Écoute, Israël !
Le Seigneur notre Dieu est le seul Dieu.
Tu l'aimeras de tout ton cœur, de tout ton être, de toute ta force
Et tu répéteras cette prière à tes fils.

La mort de Moïse

Miryam, la sœur de Moïse, était morte et bientôt Aaron mourut, lui aussi. Son fils devint prêtre à sa place.

Moïse allait avoir cent vingt ans. Il avait conservé de bons yeux et de la vigueur. Mais il ne se sentait

1. Ce cantique est récité tous les jours par les croyants, dans la religion juive. Nous n'en donnons ici que le début.

plus capable de se maintenir à la tête du peuple hébreu.

Parce que, un jour, dans le désert, il avait douté de la puissance divine, Yahvé ne lui permit pas d'entrer dans le pays de Canaan. Ce serait Josué, sage, fort et courageux, qui y mènerait le peuple à sa place.

Cependant, le Seigneur proposa à Moïse de contempler cette Terre promise du haut d'une montagne du pays de Moab, en face de Jéricho, la ville des palmiers.

— Regarde de tous tes yeux ! dit le Seigneur à son serviteur. Bientôt tu mourras sur cette montagne ; ainsi tu rejoindras tes pères.

Avant de mourir, Moïse bénit les douze tribus d'Israël et il imposa les mains sur Josué. Puis il rendit le dernier soupir.

On l'enterra dans la vallée du pays de Moab et les Hébreux le pleurèrent pendant trente jours. Nul ne sait exactement où se trouve son tombeau.

Plus jamais en Israël il n'y eut un prophète tel que Moïse.

(L'exode – Les Nombres – Le Deutéronome)

Quelque temps plus tard, Josué part avec tous les Hébreux. À leur tête, des prêtres portent l'Arche d'Alliance, symbole de la présence de Dieu. Ils s'avancent vers le fleuve et les eaux s'écartent. Comme leurs pères autrefois ont traversé la mer des Roseaux, ils peuvent passer le Jourdain à pied sec.

Ils campent à l'est de Jéricho et y célèbrent la Pâque. La ville s'est barricadée pour se protéger d'eux.

Sur l'ordre de Yahvé, les enfants d'Israël font le tour de la ville pendant six jours. Sept prêtres portent sept trompes en corne de bélier, en avant de l'Arche d'Alliance. Les prêtres sonnent de la trompe, le peuple suit, silencieux.

Le septième jour, ils se lèvent dès l'aurore, ils font sept fois le tour de la ville. La septième fois, les prêtres sonnent de la trompe et Josué dit aux Hébreux :

— Criez maintenant ! Yahvé nous a livré la ville !

Ils poussent un formidable cri de guerre et les remparts de la ville s'écroulent.

Ensuite, progressivement, sous la direction de Josué, avec l'aide du Seigneur, les Hébreux s'emparent du pays de Canaan.

6. Samson

La naissance de Samson

Après la mort de Josué, pendant environ deux cents ans, jusqu'au milieu du XI*e* *siècle avant Jésus-Christ, les Hébreux doivent souvent lutter contre les peuples qui demeurent en terre de Canaan et qui ont d'autres mœurs et d'autres dieux qu'eux. À la tête des différentes tribus d'Israël se trouvent les Juges. Ils ne rendent pas la justice, mais ils gouvernent et combattent. Ce sont des chefs militaires et des libérateurs.*

Alors que les Israélites étaient aux mains des Philistins[1], un Ange du Seigneur apparut à la femme de Manoah, de la tribu de Dan. Elle ne parvenait pas à avoir un enfant, mais l'Ange lui annonça qu'elle allait concevoir un fils. « Ne lui rase pas la tête, ajouta l'Ange, car cet enfant sera consacré à Dieu et il sauvera Israël des mains des Philistins. Quant à toi, sa mère, ne bois pas de vin et ne mange pas d'aliment impur. »

La femme parla de cette apparition à son mari et Manoah interrogea l'Ange quand celui-ci revint.

— Quelle conduite devrons-nous tenir vis-à-vis de l'enfant à naître ?

— Qu'il observe les mêmes règles que sa mère concernant la boisson et la nourriture.

— Accepte de rester un moment avec nous et nous te préparerons un chevreau pour le repas.

— Offrez plutôt ce chevreau en holocauste au Seigneur.

Manoah prit le chevreau et l'offrit au Seigneur. Ô prodige ! Pendant que la flamme du sacrifice montait vers le ciel, l'Ange du Seigneur s'éleva dans cette flamme. Manoah et sa femme tombèrent face contre terre et l'Ange disparut à leurs yeux.

1. Les Philistins : les pires ennemis d'Israël. Ils occupent la côte de la Méditerranée.

Neuf mois plus tard, la femme de Manoah eut un fils. On le nomma Samson. L'enfant grandit, béni par le Seigneur. Il devait être Juge en Israël.

La force de Samson

Parmi les ennemis d'Israël, les plus dangereux sont les Philistins. Installés sur la côte méditerranéenne (aujourd'hui entre Gaza et Jaffa), ils possèdent des chars et des armes de fer, alors que les Israélites n'ont que des armes de bois, de bronze ou de cuir.

Du nom « philistin » est venu le nom « Palestine ».

Samson dut se battre contre les Philistins alors qu'il était Juge en Israël. Mais il était sensible à la beauté de leurs femmes.

Samson était très fort et coléreux. Un jour qu'un lion bondissait à sa rencontre en rugissant, il l'empoigna à mains nues et le déchira aussi facilement qu'il aurait déchiré un chevreau.

Il se maria une première fois avec la fille d'un Philistin, mais cette femme le considérait comme un ennemi de son peuple et essaya de le tromper. Furieux, Samson la quitta et retourna dans la maison paternelle ; aussi le père de la jeune femme la donnat-il en mariage à un autre homme. Quand Samson l'apprit, il résolut de se venger d'elle et de son peuple.

C'était le temps de la moisson. Il prit trois cents renards, les attacha par deux et plaça une torche entre leurs queues. Il mit le feu aux torches et lâcha les animaux dans les champs. L'incendie ravagea non seulement les gerbes de blé, mais aussi les vignes et les oliviers.

Après cela, Samson dut se cacher, mais ses ennemis le dénichèrent et lui lièrent les mains avec des cordes. Il se débarrassa des cordes devenues aussi molles que des fils de lin usés ! Puis il ramassa une mâchoire d'âne, la brandit et s'en servit pour abattre un millier d'hommes.

Une autre fois, il s'était rendu en secret à Gaza : les gens du pays l'apprirent et lui tendirent une embuscade, près de la porte de la ville. Ils attendirent toute la nuit, en silence, sûrs de pouvoir le tuer au point du jour. Vers minuit, Samson s'approcha d'eux sans se faire voir, saisit les battants de la porte, avec ses deux poteaux et la barre qui la bloquait, chargea l'ensemble sur ses épaules et porta le tout au sommet de la montagne, en face d'Hébron.

Samson et Dalila

Samson tomba amoureux d'une autre fille des Philistins, Dalila. Les princes des Philistins allèrent la trouver et lui demandèrent de séduire Samson, afin de découvrir le secret de sa force prodigieuse. Ils pourraient alors le saisir et le dompter. Si elle réussissait, ils lui offriraient chacun 1 100 sicles d'argent[1].

— Dis-moi, Samson, demanda-t-elle à son mari, d'où te vient ta force ? Avec quoi pourrait-on te lier et te dompter ?

— Pour me lier, il faudrait prendre sept cordes d'arc fraîches.

Les Philistins apportèrent sept cordes d'arc fraîches à Dalila et elle lia Samson avec, puis elle cria :

— Samson ! Les Philistins sont sur toi !

Mais il rompit les cordes fraîches avec facilité.

— Tu m'as menti ! s'exclama Dalila. Dis-moi, sans me tromper, avec quoi on peut te lier.

— Avec des cordes neuves.

Dalila prit des cordes neuves : à nouveau Samson les rompit sans difficulté.

1. Un sicle vaut 11 grammes : 1 100 sicles équivalent à 12 kg 100. Cela représente une fortune.

— Tu t'es moqué de moi, protesta-t-elle. Dis-moi la vérité. Avec quoi peut-on te lier ?

— Prends dans la chaîne de ton métier à tisser les sept tresses de ma tête.

Elle obéit, mais Samson arracha les tresses du métier avec le tissu.

Dalila se plaignit.

— Comment peux-tu prétendre m'aimer ? Voilà trois fois que tu me trompes !

Et chaque jour elle le harcelait. Si bien que Samson, à bout de patience, finit par lui confier son secret.

— Le rasoir n'est jamais passé sur ma tête, car, dès avant ma naissance, j'ai été consacré à Dieu. Si l'on me coupe les cheveux, je serai aussi faible que n'importe qui.

Cette fois, Dalila sentit qu'il lui avait dit la vérité. « Venez », fit-elle dire aux princes des Philistins. Ils arrivèrent, tenant à la main l'argent qu'ils lui avaient promis.

La tête de Samson reposait sur les genoux de Dalila et, comme il s'endormait, elle fit signe à un homme de couper les sept tresses de sa chevelure. Puis elle cria :

— Samson ! Les Philistins sont sur toi !

Il s'éveilla en se disant : « Bah ! Je m'en tirerai comme les autres fois ! »

Mais Dieu s'était éloigné de lui et sa force avait disparu.

Les Philistins s'emparèrent de lui et lui crevèrent les yeux. Ils l'emmenèrent à Gaza, lié par une double chaîne de bronze, et il tournait la meule dans sa prison[1].

Dans le temple des Philistins

Cependant, les cheveux rasés de Samson commençaient à repousser.

Un jour, les Philistins donnèrent une grande fête dans leur temple pour célébrer leur dieu, Dogon.

— Remercions-le, disaient-ils, car il nous a livré Samson, notre ennemi. Qu'on fasse venir le prisonnier et qu'il nous amuse !

On amena Samson et il se livra devant le peuple à toutes sortes de gesticulations grotesques. Le temple était bondé, il y avait des hommes, des femmes, tous les princes des Philistins, et, sur le toit, près de trois mille personnes, qui s'étaient hissées là pour se moquer du prisonnier. Quand il eut bien amusé la foule, on le laissa debout près des colonnes.

— Conduis-moi jusqu'aux colonnes sur lesquelles repose le temple, demanda Samson au

1. Les prisonniers, comme des animaux, font tourner la meule pour broyer les grains de blé ou d'orge.

jeune garçon qui le guidait. Fais-les-moi toucher pour que je puisse m'y appuyer.

Le guide obéit. Alors, Samson invoqua Dieu :

— Ô Dieu ! donne-moi la force encore une fois pour que je puisse me venger de ceux qui m'ont pris mes yeux.

Samson tâta les deux colonnes, s'arc-bouta contre l'une de son bras droit, contre l'autre de son bras gauche, s'écria : « Que je meure avec les Philistins ! », poussa de toutes ses forces et le temple s'écroula sur les princes et sur tout le peuple qui se trouvait là.

En mourant, Samson fit périr plus d'ennemis qu'il n'en avait tué de son vivant.

Ses frères descendirent à Gaza et ils emportèrent son corps dans la montagne, pour l'ensevelir dans le même tombeau que son père.

Samson était demeuré Juge au service d'Israël pendant vingt ans.

(Le livre des Juges)

7. Ruth

L'exil et le retour

Pour suivre sa belle-mère, qui retourne en Israël, Ruth doit non seulement quitter son pays, mais aussi abandonner sa famille et ses dieux. Elle va être considérée comme une étrangère. Elle devra affronter la méfiance et la pauvreté.

Au temps des Juges, il y eut une famine dans le pays d'Israël. Un homme de Bethléem, Élimélek, émigra avec sa femme et ses deux fils dans les plaines de Moab, à l'est de la mer

Morte. Il mourut peu de temps après. Noémi resta veuve avec ses deux fils. Ceux-ci épousèrent des Moabites, Orpa et Ruth. Au bout de dix années, les fils de Noémi moururent à leur tour et elle demeura seule avec ses belles-filles.

Elle avait entendu dire que la famine avait cessé dans son pays et elle résolut de retourner à Bethléem.

— Ne restez pas avec moi, allez dans votre famille, dit-elle à ses belles-filles. Vous avez été bonnes envers vos époux et envers moi, que le Seigneur permette à chacune de vous de retrouver un mari.

Orpa et Ruth se mirent à pleurer et refusèrent de la quitter. Noémi insista :

— Je suis trop vieille pour avoir d'autres fils à vous donner comme époux. Moi, je suis dans la peine, pourquoi le seriez-vous aussi ?

Alors, Orpa embrassa sa belle-mère et retourna vers son peuple, mais Ruth demeura avec Noémi. Elle lui dit :

Où tu iras, j'irai,
Où tu passeras la nuit, je la passerai.
Ton peuple sera mon peuple,
Ton Dieu sera mon Dieu.
Où tu mourras, je mourrai.
Que le Seigneur me punisse
Si ce n'est pas la mort qui nous sépare !

Noémi n'insista plus et elles s'en allèrent toutes les deux jusqu'à Bethléem. Les femmes du pays les regardèrent avec surprise.

— Est-ce bien là Noémi ? se demandaient-elles.

— C'est bien moi ! Quand je suis partie avec mon mari et mes deux fils, j'étais comblée. Je reviens sans eux, remplie d'amertume.

Dans le champ de Booz

Selon la loi du Seigneur, les pauvres ont le droit de glaner dans les champs, mais il faut que le propriétaire du champ les accepte. En outre, ils peuvent être en but au mépris et à la malveillance des moissonneurs.

On était au mois d'avril, au début de la moisson des orges.

— Permets-moi d'aller glaner des épis derrière les moissonneurs, demanda Ruth à sa belle-mère.

— Va, ma fille, lui répondit-elle.

Par chance, Ruth se rendit dans un champ appartenant à Booz, un riche parent d'Élimélek.

Bientôt il arriva de Bethléem pour voir ses moissonneurs.

— Que le Seigneur vous bénisse ! leur dit-il. Qui est cette jeune femme ?

Le chef des moissonneurs répondit :

— C'est la Moabite qui est revenue avec Noémi. Elle a demandé la permission de glaner et elle a travaillé sans arrêt depuis l'aube.

Booz s'adressa à elle :

— Ne va pas glaner dans un autre champ, ma fille. Reste ici, avec mes serviteurs. Ils ne te feront aucun mal. Et si tu as soif, va boire de l'eau dans leurs cruches.

Ruth se prosterna devant lui.[1]

— Comment ai-je pu trouver grâce à tes yeux, moi qui ne suis qu'une étrangère ?

— Je sais tout ce que tu as fait pour ta belle-mère et que, pour elle, tu as quitté ta famille et ton pays natal. Que Yahvé, le Dieu d'Israël, te prenne sous sa protection !

Comme l'heure du repas approchait, Booz la fit asseoir à côté de ses moissonneurs et elle partagea leur repas. Quand elle fut rassasiée, elle mit de côté quelques restes, puis se leva pour reprendre son travail.

Booz alors demanda à ses serviteurs de laisser tomber exprès des épis pour qu'elle pût les ramasser.

Quand Ruth retourna chez Noémi, elle lui donna ce qu'elle avait glané et les restes du repas qu'elle

1. C'est l'attitude habituelle en Orient devant un personnage puissant.

avait emportés. Elle lui apprit qu'elle était allée dans le champ de Booz et que celui-ci s'était montré bon envers elle.

— Béni soit le Seigneur, s'écria Noémi, car Booz est notre parent ! Reste, ma fille, avec ses serviteurs. De la sorte, tu ne seras pas rudoyée par d'autres moissonneurs.

Ruth continua à glaner dans les champs de Booz jusqu'à la fin de la moisson des orges, puis de celle du blé.

La nuit sur l'aire

En Israël, quand un homme meurt sans enfant, le plus proche parent a la priorité pour racheter sa terre et épouser sa veuve, de façon à assurer la descendance du défunt et à garder ses biens dans la famille : c'est la coutume du rachat.

Noémi dit à sa belle-fille :

— J'aimerais t'établir et que tu sois heureuse. Booz est notre parent. Ce soir il va vanner l'orge sur son aire[1]. Lave-toi et parfume-toi, habille-toi et va

1. L'aire : terrain plat où l'on bat le grain. On le secoue dans un van, sorte de panier à fond plat, pour le séparer de la paille.

jusqu'à l'aire sans te faire reconnaître. Attends que cet homme ait mangé et bu et qu'il se couche. Alors étends-toi à ses pieds.

Ruth obéit en tous points à sa belle-mère. Après le repas, Booz, d'humeur joyeuse, s'approcha du tas de grains pour le surveiller, se coucha et s'endormit. Ruth s'étendit à ses pieds.

Au milieu de la nuit, Booz frissonna et se réveilla : il vit une femme couchée à ses pieds.

— Qui es-tu ? demanda-t-il.

— Je suis Ruth, ta servante. Couvre-moi d'un pan de ton manteau[1], car tu as sur moi le droit de rachat.

— Bénie sois-tu, ma fille, car tu n'as pas recherché des jeunes gens, riches ou pauvres[2]. Tout ce que tu demanderas, je le ferai. Tout le monde ici sait que tu es une femme parfaite. Reste couchée là jusque demain matin.

Le lendemain matin, il lui dit de tendre son manteau et versa dedans six parts d'orge, pour qu'elle ne rentrât pas les mains vides chez sa belle-mère.

Puis il alla trouver un autre parent d'Élimélek, qui avait plus que lui le droit de rachat. Mais celui-ci refusa de l'exercer.

1. C'est à la fois un geste de protection et un symbole du mariage.

2. On peut supposer que Booz est déjà assez âgé.

Booz épousa la Moabite. Elle enfanta un fils et ce fut Noémi qui prit soin de l'enfant. Il devait être le grand-père du roi David.

Ainsi Ruth, l'étrangère, est l'aïeule de David et par là du Christ même.

(Le livre de Ruth)

Victor Hugo s'est inspiré de cet épisode de la Bible pour composer son célèbre poème : « Booz endormi » dans La Légende des siècles.

8. Saül et David

Saül devient roi

L'onction est une cérémonie religieuse au cours de laquelle on verse l'huile sainte sur la tête de celui qui a été choisi et qui est ainsi consacré roi. Il est alors « l'oint du Seigneur » ou, en hébreu, « messie » : l'homme que Dieu a choisi pour accomplir une mission de salut.

Samuel était un saint homme, consacré à Dieu dès l'enfance. C'était un prophète ; il fut le dernier des Juges d'Israël.

Quand il vieillit, ses fils devaient être Juges à sa place, mais ils ne le valaient pas car ils étaient corrompus.

Les Anciens d'Israël vinrent le trouver à Rama, où il habitait, au nord de Jérusalem.

— Te voilà devenu vieux, lui dirent-ils, et tes fils ne te ressemblent pas. Nous sommes entourés d'ennemis, nous avons besoin de nous défendre. Donne-nous un roi et nous serons comme les autres peuples.

Samuel s'adressa au Seigneur, qui lui répondit :

— Ce n'est pas toi qu'ils rejettent, c'est moi. Ils ne veulent plus de moi comme leur roi. Fais ce qu'ils te demandent, mais avertis-les de ce qui les attend.

Samuel répéta au peuple les paroles de Yahvé et il ajouta cet avertissement :

— Un roi prendra vos fils pour en faire des soldats, quand il sera en guerre, et vos filles seront ses servantes. Il s'emparera de vos champs, de vos vignes, de vos oliviers pour les donner à ses serviteurs. Il lèvera des impôts sur vos biens. Vous deviendrez ses esclaves et vous crierez vers le Seigneur, mais le Seigneur ne vous répondra pas.

— Non, s'obstina le peuple, nous voulons avoir un roi comme les autres nations.

Il y avait, dans la tribu de Benjamin, un beau garçon, très grand, qui se nommait Saül. Il cherchait dans tout le pays les ânesses de son père qui s'étaient égarées. Comme il ne les trouvait pas, il eut l'idée de consulter Samuel. Or le Seigneur avait prévenu celui-ci qu'il rencontrerait bientôt l'homme destiné à être le chef du peuple israélite. Quand Samuel vit Saül, il le prit à part, versa un peu d'huile sur son front, l'embrassa en lui disant :

— Te voici consacré par le Seigneur. Son esprit va fondre sur toi et tu deviendras un autre homme.

Quelque temps après, Samuel convoqua le peuple, tribu par tribu, et quand la tribu de Benjamin s'approcha, Saül fut désigné pour être roi. Il dépassait toute l'assemblée de la tête et des épaules. Le peuple lui fit une ovation en criant : « Vive le roi ! »

Saül était d'une vaillance extrême et tous les braves qu'il rencontrait, il les enrôlait dans son armée. Aidé par son fils Jonathan, il vainquit tour à tour les Ammonites, les Philistins, les Moabites, les Édomites.[1]

Quand il s'attaqua aux Amalécites[2], Samuel le prévint : Yahvé avait résolu de punir ce peuple qui avait barré la route aux Israélites à leur sortie d'Égypte. Saül devait les frapper, eux et leurs troupeaux, et

1. Les Philistins, ennemis acharnés d'Israël, demeurent sur la côte de la Méditerranée. Les autres peuples vivent de l'autre côté du Jourdain et de la mer Morte, à l'est et au sud.

2. Les Amalécites, tribus nomades du sud de la Palestine, se sont battus contre les Hébreux lors de l'Exode, dans le désert du Sinaï.

n'épargner personne. Saül les battit, mais laissa la vie sauve à leur roi et permit à ses soldats de garder les meilleures bêtes, les plus grasses, et les agneaux. Samuel lui reprocha d'avoir désobéi au Seigneur, se détourna de lui et ne le revit plus.

Le choix de David

Yahvé envoya alors Samuel à Bethléem, dans la tribu de Juda, car Il désirait avoir un autre roi pour son peuple, un roi qui régnerait plus tard et remplacerait Saül.

Samuel se rendit chez Jessé[1] qui avait de nombreux fils. Dès qu'il vit son fils aîné, il pensa : « C'est sûrement lui que Dieu a choisi. »

— Non, dit Yahvé. Ne t'occupe ni de son aspect, ni de sa taille. Les hommes ne voient que l'apparence, mais Dieu voit le cœur.

Sept des fils de Jessé passèrent en vain devant Samuel.

On envoya alors chercher David, le plus jeune, qui gardait les troupeaux. C'était un bel adolescent, au visage clair. « C'est lui », dit Yahvé. Samuel versa l'huile sur le front du jeune homme en présence de

1. Jessé est le petit-fils de Ruth, la Moabite, et de Booz.

ses frères. Et l'esprit de Dieu s'empara de David à partir de ce jour-là.

Cependant, Saül occupait toujours le trône. Il avait un caractère emporté et parfois un mauvais esprit l'assaillait, il devenait comme fou. Ses serviteurs cherchèrent un musicien capable de l'apaiser, en jouant de la cithare[1]. L'un d'eux avait entendu parler de David comme d'un jeune homme qui jouait bien, en outre intelligent, brave et beau. Des messagers partirent pour Bethléem et Jessé reçut l'ordre d'envoyer son fils à la cour. David quitta ses troupeaux sur son âne, en emportant cinq pains, une outre de vin et un chevreau pour les offrir au roi.

Il se mit au service de Saül, qui le prit vite en affection et le garda près de lui. Chaque fois que l'esprit mauvais s'emparait du roi, David prenait sa cithare et Saül se calmait.

David et Goliath

Les Philistins s'étaient rassemblés à une trentaine de kilomètres au sud de Jérusalem, sur une montagne,

1. Dans toute l'Antiquité la musique est employée pour calmer les malades. La cithare est un instrument composé d'une caisse sur laquelle sont tendues des cordes.

pour attaquer les Israélites ; ceux-ci se rangèrent en bataille sur la montagne en face et la vallée du Térébinthe séparait les deux camps.

Un homme sortit du camp des Philistins : un géant nommé Goliath. Il mesurait presque trois mètres. Il avançait, bardé de bronze : casque, jambières, javelot en bandoulière ; sa cuirasse à écailles pesait soixante kilos et la pointe de sa lance au moins six. Un porte-bouclier marchait devant lui.

Il lança un défi aux Israélites :

— Choisissez un homme qui combatte contre moi. S'il est vainqueur, nous serons vos esclaves. Si je le bats, c'est vous qui serez nos esclaves.

Personne ne répondit dans le camp d'Israël, écrasé de terreur. Pendant quarante jours, Goliath revint lancer son défi, matin et soir.

Le jeune David vit et entendit le géant philistin. Il était allé porter à ses frères, enrôlés dans l'armée de Saül, des pains et des fromages de la part de Jessé.

— Qu'est-ce que ce géant ! s'exclama David. Un incirconcis[1] qui ose défier les troupes du Dieu vivant !

— Ah ! lui dirent les soldats, si jamais un homme peut battre ce géant, le roi le fera riche et lui donnera sa fille en mariage.

1. Tous les Israélites mâles sont circoncis, c'est dans leur chair la marque de leur appartenance à leur religion, à Yahvé.

Ses frères, eux, le réprimandèrent :

— Pourquoi es-tu venu rôder par ici ? Si c'est pour voir la bataille, tu ferais mieux d'aller garder tes troupeaux !

Mais on avait rapporté à Saül les propos de David ; il le fit venir près de lui.

— Il ne faut pas perdre courage ! affirma le jeune homme. J'irai, moi, me battre contre ce Philistin.

— Ce n'est pas possible, répliqua Saül. Tu n'es qu'un gamin, lui, c'est un guerrier accompli, qui manie les armes depuis son plus jeune âge.

— Je me suis bien battu contre les lions et les ours qui voulaient dévorer les brebis de mon père ! Je les leur arrachais de la gueule, je poursuivais ces bêtes féroces, je les saisissais par les poils, je les frappais à mort... Si Yahvé m'a sauvé de leurs griffes, Il me sauvera des mains de ce Philistin.

— Va ! fit alors Saül, et que Dieu soit avec toi !

Le roi voulut revêtir David de sa propre armure, lui posa un casque sur la tête, lui attacha une épée au côté. Mais le jeune homme ne parvenait pas à marcher dans cet équipage et s'en débarrassa. Il prit seulement son bâton, choisit cinq pierres lisses dans le torrent, les mit dans son sac de berger et s'avança vers le géant, la fronde à la main.

Précédé de son porte-bouclier, Goliath s'approcha et vit ce gamin au joli visage, au teint clair. Il s'esclaffa :

— Tu me prends pour un chien pour venir à moi avec un bâton !... Viens plus près, que je donne ta chair en pâture aux oiseaux du ciel et aux bêtes des champs !

— Tu marches contre moi avec ton épée, ta lance, ton javelot. Je marche contre toi au nom de Yahvé. Aujourd'hui Il te livrera entre mes mains, je te couperai la tête et je laisserai ton cadavre et ceux de tes soldats aux oiseaux du ciel et aux bêtes des champs. Toute la terre saura qu'il y a un Dieu en Israël et qu'Il est le maître des combats !

Comme le Philistin se mettait en mouvement, David courut vers lui, tira une pierre de son sac et la lança avec sa fronde : elle atteignit Goliath au front, s'enfonça dans son crâne et le géant tomba, le visage contre terre. David s'élança vers lui, monta sur son corps, tira l'épée de son fourreau et lui trancha la tête.

En voyant que leur champion était mort, les Philistins s'enfuirent. Les Israélites les poursuivirent jusqu'à la plaine bordant la côte méditerranéenne, puis ils s'en revinrent pour piller le camp philistin.

Quand David retourna à la cour du roi, il tenait à la main la tête de Goliath. Saül ne le laissa plus repartir chez son père. Il le plaça à la tête de ses armées et, de toutes les expéditions où il était envoyé, il revenait toujours vainqueur. Il était apprécié du peuple, ainsi que des serviteurs de Saül.

Jonathan, le fils du roi, était devenu son ami et l'aimait comme lui-même. Il lui avait fait cadeau de son manteau, de son épée et même de son ceinturon. Sa sœur Mikal, la plus jeune fille de Saül, tomba amoureuse de David et, par la suite, le roi la lui donna en mariage : en réalité il lui tendait un piège. Car Saül était devenu jaloux.

David en fuite

Les soirs de victoire, dans toutes les villes d'Israël, les femmes sortaient en dansant, au son des sistres[1] et des tambourins, et elles chantaient en chœur :

Saül en a battu des milliers,
David en a battu des myriades[2].

« Moi, des milliers, et lui, des myriades, se disait Saül. Vraiment, il ne lui manque plus que la royauté ! »

Et il regardait David de travers.

Un jour que le jeune homme jouait de la cithare, pour apaiser Saül en crise, celui-ci, qui avait sa

1. Sistres : instruments à percussion, à manche, formés d'un cadre courbe muni de baguettes mobiles.
2. Myriades : en très grand nombre, innombrables.

lance à la main, la jeta contre David pour le clouer au mur. Mais David l'évita.

Jonathan essaya d'intervenir pour réconcilier son père et son ami. Ce fut en vain. David comprit qu'il devait fuir.

C'était le soir. Il retourna près de sa femme, Mikal. Saül envoya des hommes pour surveiller la maison de David : il avait l'intention de le mettre à mort le lendemain matin. Mikal s'en aperçut. « Sauve-toi maintenant, dit-elle à son mari. Sinon tu es perdu. » Elle le fit descendre par la fenêtre et plaça une statuette, qu'elle couvrit de vêtements, sur le lit de David. Quand les hommes de Saül entrèrent pour le prendre, Mikal leur dit : « Il est malade. » Ils regardèrent le lit et s'en allèrent. Lorsqu'ils revinrent le lendemain, David était loin !

David était en fuite et, pendant de nombreuses années, il dut vivre dans le désert, se réfugier dans la montagne, se cacher dans des grottes. Jamais il ne restait longtemps au même endroit, de peur d'être dénoncé, et jamais Saül ne renonça à le poursuivre. Jonathan l'aidait chaque fois qu'il le pouvait.

Il alla voir Samuel à Rama, mais ils durent vite se séparer car ils avaient été trahis. Peu après, Samuel mourut et tous les Israélites le pleurèrent.

Dans le désert de Juda où se trouvait David, ses frères le rejoignirent ainsi qu'un groupe de hors-laloi et de mécontents, si bien qu'il se retrouva chef de bande, à la tête d'une petite troupe de quatre cents hommes, puis de six cents.

Un jour qu'il se trouvait dans les falaises, sur la rive ouest de la mer Morte, Saül l'apprit et partit à sa recherche avec plus de trois mille soldats d'élite. À un moment donné, Saül, qui avait besoin de s'isoler, entra, sans ses soldats, dans une grotte creusée dans la falaise. Or au fond se cachaient David et ses hommes. Ceux-ci chuchotèrent : « David ! Ton ennemi est entre tes mains ! »

David s'approcha sans bruit de Saül et, sans que celui-ci s'en aperçût, coupa un pan de son manteau. Mais le cœur lui battait et il dit à ses hommes : « Yahvé me garde de porter la main sur celui qui a été consacré par le Seigneur. » Et il les empêcha de se jeter sur le roi.

Quand Saül sortit de la grotte, David le suivit. Il cria :

— Monseigneur le roi !

Saül se retourna et vit David se prosterner devant lui.

— Monseigneur, poursuivit David, pourquoi écoutes-tu ceux qui prétendent que je veux ton malheur ? En ce jour, Yahvé t'avait livré à moi, mais je t'ai épargné, j'ai refusé de te tuer. Vois, mon père, vois je tiens le pan de ton manteau... Je ne t'ai jamais fait de mal, c'est toi qui me traques pour m'ôter la vie. Que le Seigneur juge entre nous ! Qu'il me rende justice et me délivre de ta main !

— Est-ce ta voix, mon fils David ? demanda Saül. Il se mit à pleurer : Tu es plus juste que moi, tu m'as fait du bien et moi, je t'ai fait du mal. Que Yahvé te récompense ! Je sais que tu régneras un jour sur Israël. Jure-moi que tu ne supprimeras pas mes descendants et que tu ne feras pas disparaître mon nom.

David le jura à Saül. Puis ils se séparèrent.

Le temps passa. Saül continua à poursuivre David, mais celui-ci lui échappait toujours. Cependant les ennemis d'Israël ne désarmaient pas. Au cours d'une bataille entre les Philistins et les Israélites, dans les montagnes au nord de la Palestine, trois des fils de Saül – dont Jonathan – furent tués. Les soldats de Saül s'étaient enfuis. Le combat se concentra autour du roi. Blessé par les archers ennemis, Saül se donna la mort en se jetant sur son épée.

David l'apprit et pleura sur eux.

Il composa une complainte :

Gloire d'Israël, meurtrie sur les monts,
Comment sont tombés les héros ?

Montagnes, ne recevez plus
Ni rosée, ni pluie,
Que vos flancs demeurent stériles,
Puisqu'y fut déshonoré le bouclier des héros.

Le bouclier de Saül était imprégné
Non pas d'huile[1] *mais du sang ennemi.*
L'arc de Jonathan ne reculait jamais,
L'épée de Saül rentrait toujours humide dans son fourreau.

Saül et Jonathan, aimés et charmants,
Dans la vie, dans la mort inséparables,
Plus rapides que les aigles,
Plus forts que les lions.

Filles d'Israël, pleurez sur Saül
Qui vous revêtait de pourpre et de lin,
Qui accrochait à vos habits
Des bijoux d'or.

Comment sont tombés les héros
En plein combat ?

Jonathan, ta mort me désole.
Jonathan, mon frère, j'ai le cœur serré,
Je t'aimais tant ! Ton amitié valait pour moi
Bien plus que l'amour des femmes.

Comment sont tombés les héros ?
Comment ont péri les armes de guerre ?

1. Pour entretenir les boucliers en cuir on les frottait avec de l'huile.

David roi de Juda et d'Israël

Les douze fils de Jacob sont les ancêtres des douze tribus. La tribu de Juda est l'une des plus peuplées, au sud de la Palestine, autour des villes de Jérusalem et d'Hébron. C'est à elle qu'appartient David.

Les autres tribus se sont partagé les territoires du nord et de l'est – sauf la tribu de Lévi qui n'a pas de territoire propre, car c'est dans cette tribu que sont recrutés les prêtres.

Dans le passage de la Bible qui raconte l'accession au pouvoir de David, Israël désigne l'ensemble de ces autres tribus, en dehors de celle de Juda.

Cependant, dans de nombreux autres passages de la Bible, en particulier dans l'histoire de Moïse, Israël désigne le peuple des Hébreux dans son ensemble.

Sur le conseil de Yahvé, David monta à Hébron, une des villes de Juda, et il y fut sacré roi. Il y demeura un peu plus de sept ans. Il ne put aussitôt établir son pouvoir sur les tribus du nord car un fils de Saül régnait sur elles. Mais bientôt celui-ci mourut, assassiné. David le pleura et le peuple le sut. Toutes les tribus d'Israël vinrent alors lui rendre hommage et les Anciens le consacrèrent roi.

Ainsi David était devenu roi de Juda et d'Israël. Il avait trente ans et son règne devait durer en tout quarante ans.

David décida de faire de Jérusalem sa capitale : la ville était située à la limite entre le territoire de Juda et celui d'Israël. Les Jébuséens l'occupaient. David marcha contre eux avec sa troupe, prit la forteresse de Sion[1] et s'y installa ; on l'appela la Cité de David.

Hiram, le roi de Tyr en Phénicie, lui envoya une ambassade avec des charpentiers et des tailleurs de pierre et une grande quantité de bois de cèdre, pour l'aider à construire son palais.

Ensuite David réunit l'élite d'Israël et se rendit dans la ville de Juda où l'Arche d'Alliance avait été déposée. On la chargea sur un chariot et, devant elle, les Israélites dansaient au son des cithares, des harpes, des sistres, des cymbales et des tambourins. David s'était dépouillé de ses vêtements royaux et il dansait avec le peuple, devant l'Arche, en entrant dans la ville de Jérusalem. On plaça l'Arche sous une tente que David avait fait dresser. Il offrit au Seigneur l'holocauste et des sacrifices de paix et fit distribuer à tout le peuple, hommes et femmes, galettes, dattes et gâteaux de raisins secs. Et puis chacun rentra chez soi.

1. Sion : forteresse dans la partie la plus ancienne de Jérusalem, située sur une colline.

David aurait voulu construire un temple pour abriter l'Arche, mais le prophète Nathan lui dit, de la part du Seigneur :

— Non ! C'est ton fils qui s'en chargera. Car Yahvé t'affermira sur ton trône et vous protégera, toi et ta descendance.

Les années suivantes, David consolida et agrandit considérablement son royaume. Il repoussa les Philistins et affaiblit leur puissance, conquit quatre royaumes à l'est du Jourdain, battit les Araméens au nord. Partout où il combattait, Dieu lui donnait la victoire.

Il amassa un butin considérable, bronze, or, argent, attelages. Il soumit les peuples conquis au tribut[1] ; il établit sur tout le territoire des préfets, qui représentaient le pouvoir royal et étaient chargés de faire régner le droit et la justice.

Bethsabée

Au cours d'une campagne contre les Ammonites[2], David avait laissé Joab, le commandant en chef de

1. Tribut : impôt qu'un état vainqueur impose au vaincu.
2. Les Ammonites sont à l'est du Jourdain.

son armée, assiéger la capitale ennemie. Il était resté à Jérusalem.

C'était le printemps. Comme le soir tombait, il sortit sur la terrasse de son palais. De là, il aperçut, un peu plus loin, une femme qui se baignait. Elle était très belle.

— Qui est cette femme ? demanda-t-il.

— C'est Bethsabée, celle qui a épousé Urie le Hittite, enrôlé dans ton armée.

David donna l'ordre à ses serviteurs d'aller chercher la jeune femme. Ils l'amenèrent dans son palais. Il passa la nuit avec elle, puis elle retourna dans sa maison.

Quelque temps plus tard, elle l'avertit qu'elle était enceinte.

David envoya alors un message à Joab :

— Mets Urie le Hittite en première ligne et arrange-toi pour qu'il soit tué.

Joab obéit et Urie mourut. Quand elle l'apprit, Bethsabée porta le deuil de son mari ; à la fin de la période de deuil, David la fit appeler et elle devint l'une de ses femmes. Elle accoucha d'un fils.

Mais Yahvé était mécontent. Il demanda au prophète Nathan d'aller voir David.

Nathan conta au roi cette histoire :

— Dans une ville il y avait deux hommes, un pauvre et un riche. Le riche possédait de grands troupeaux de moutons et de bœufs ; le pauvre n'avait pour tout bien qu'une petite brebis. Elle grandissait avec ses enfants, mangeait avec lui, buvait dans sa coupe, dormait dans ses bras. Il l'aimait comme sa fille.

« Quand un hôte arriva chez le riche, celui-ci ne voulut pas toucher à ses bêtes ; il prit la petite brebis du pauvre et l'apprêta pour le repas.

David, en écoutant cette histoire, se mit en colère contre le riche.

— Quel manque de cœur ! s'écria-t-il. Cet homme mérite la mort.

— Cet homme, c'est toi, lui répondit Nathan. Alors que tu avais déjà tant de richesses et tant de femmes, tu as pris la femme d'Urie et, lui, tu l'as envoyé à la mort. À cause de cette action, le Seigneur fera surgir le malheur dans ta maison.

— J'ai péché contre le Seigneur, dit humblement David.

— Le Seigneur te pardonnera : tu ne mourras pas. Mais l'enfant qui t'est né mourra.

Et sur ces paroles, Nathan s'en alla.

L'enfant tomba malade et son père eut beau implorer Yahvé, jeûner, dormir à même le sol, refuser toute aide, toute nourriture de ses serviteurs, l'enfant mourut le septième jour.

David consola Bethsabée et bientôt elle attendit un autre enfant : ce fut un fils, qu'elle nomma Salomon et que Yahvé aima.

Absalon

La fin du règne de David fut assombrie par des drames familiaux et des rivalités entre ses fils et lui.

Son troisième fils, Absalon, se révolta et fut bientôt à la tête d'une conspiration puissante. C'était un beau jeune homme à la chevelure magnifique. Il se fit nommer roi à Hébron et son parti prenait de plus en plus d'importance.

David, qui se trouvait à Jérusalem, fut averti que son fils marchait sur la ville avec ses partisans.

— En route ! Fuyons ! s'exclama-t-il. Absalon ne nous fera pas de quartier, il passera la ville au fil de l'épée.

Le vieux roi sortit à pied, avec toute sa famille, et ses gardes fidèles. En les voyant, le peuple se mit à pleurer.

Ils passèrent par la montée des Oliviers, David en pleurs, la tête voilée, nu-pieds[1]. Le peuple qui l'accompagnait s'était aussi voilé la tête et montait en pleurant. Un peu plus loin, sur la route de l'exil, un des fidèles de David vint à sa rencontre avec deux

1. C'est la tenue du deuil.

ânes, deux cents pains, cent grappes de raisins secs, des fruits de saison et une outre de vin. Mais, plus loin encore, un homme de la tribu de Saül sortit de sa maison pour les maudire et leur lancer des pierres.

Quand, après avoir marché longtemps, ils s'arrêtèrent pour reprendre haleine, ils étaient exténués.

Pendant ce temps, Absalon était entré dans Jérusalem ; il était décidé à poursuivre son père. Un ami de David, qui avait pu s'introduire dans l'entourage d'Absalon, fit parvenir un message au vieux roi : « Ne bivouaque pas cette nuit dans le désert, mais passe d'urgence de l'autre côté du Jourdain. »

Malgré sa fatigue, à l'aube, David était passé sur l'autre rive du fleuve, avec tous ceux qui l'accompagnaient et qui étaient de plus en plus nombreux.

Ils arrivèrent à Mahanaïm, une ville fortifiée, dont les habitants leur étaient favorables. Ceux-ci leur apportèrent des matelas et des tapis, des lainages, de la vaisselle, ainsi que des vivres : blé, orge, fèves, lentilles, épis grillés, du miel, du beurre, des pièces de viande.

— Vous avez souffert dans le désert, leur disaient-ils, vous avez eu faim, et froid, et soif !

David passa en revue tous ceux qui constituaient son armée. Il les divisa en trois groupes et nomma un chef à la tête de chacun d'eux. Parmi ces chefs fidèles se trouvait Joab.

— Je partirai avec vous à la rencontre d'Absalon, déclara le roi.

Mais ses hommes protestèrent :

— Si tu restes dans la ville, tu pourras nous envoyer des secours en cas de nécessité.

David se rangea à leur avis. Tandis que ses hommes sortaient de la ville, il se tenait près de la porte ; il dit aux trois chefs de l'armée : « Par égard pour moi, ménagez le jeune Absalon ! » Tout le peuple l'entendit.

Absalon avait, lui aussi, traversé le Jourdain et s'était établi plus au nord. La bataille eut lieu dans la forêt, non loin de la ville. Les partisans d'Absalon furent battus et le jeune homme, poursuivi par les gardes de son père, dut s'enfuir. Il montait un mulet et passait sous un grand chêne à la ramure enchevêtrée. Sa chevelure se prit entre les branches et il demeura suspendu, tandis que le mulet continuait son chemin.

On prévint Joab qui, malgré les recommandations de son maître, planta trois épieux dans le cœur d'Absalon.

On prit son corps, on le jeta dans une grande fosse, au milieu de la forêt, et l'on amoncela dessus un énorme tas de pierres.

David attendait l'issue de la bataille, assis entre les deux portes de Mahanaïm. Un homme, venu de la forêt, se dirigeait vers les remparts en courant.

— Il doit avoir une bonne nouvelle à annoncer, dit le roi.

— Tout va bien, cria l'homme. Béni soit le Seigneur qui t'a tiré des mains de tes adversaires !

— Tout va-t-il bien pour le jeune Absalon ?

— Qu'ils aient le même sort que lui tous ceux qui veulent ton malheur !

David comprit alors que son fils était mort. Il se retira dans une chambre pour se lamenter.

— Mon fils Absalon, mon fils ! Que ne suis-je mort à ta place, Absalon, mon fils !

En l'entendant, les soldats victorieux qui s'étaient bien battus se faufilèrent presque en cachette dans la ville, comme s'ils étaient honteux et qu'ils aient fui devant l'ennemi.

Joab alla trouver David.

— Tu couvres de honte les serviteurs qui t'ont sauvé la vie, à toi, à tes enfants et à tes femmes. Tu aimes ceux qui te détestaient, tu détestes ceux qui t'aiment !... Lève-toi et va parler à tes serviteurs ! Sinon personne ne restera près de toi et ce sera pour toi un malheur pire que tous ceux qui te sont arrivés depuis ta jeunesse !

David l'entendit. Il se leva et vint s'asseoir à la porte de la ville pour féliciter ses hommes. Et tout le peuple l'entourait.

La fin du règne

David revint à Jérusalem et retrouva son trône. Il était devenu très vieux, il avait toujours froid. On trouva pour s'occuper de lui une belle jeune fille, Abishag la Sunamite.

Il dut encore faire face à plusieurs révoltes ; un autre de ses fils voulut se faire proclamer roi.

Alors Bethsabée, avec l'appui du prophète Nathan, se présenta devant David pour lui rappeler sa promesse : il avait juré que son fils Salomon régnerait après lui.

— Au nom du Seigneur qui m'a délivré de toute détresse, c'est Salomon qui s'assiéra sur mon trône à ma place, affirma David.

Aussitôt Nathan et un prêtre sacrèrent roi le jeune homme. On sonna du cor et on cria : « Vive le roi Salomon ! » Et le peuple jouait de la flûte et se réjouissait.

Comme le moment de sa mort approchait, David appela Salomon près de lui pour lui faire ses recommandations.

— Je m'en vais comme s'en va toute chose terrestre. Sois fort, agis comme un homme. Observe les commandements de Yahvé ton Dieu, comme il est écrit dans la Loi de Moïse. Ainsi, tu réussiras dans toutes tes entreprises et le Seigneur accomplira sa promesse. Car Il m'a dit : Si tes fils se conduisent bien et marchent loyalement devant moi, de tout leur cœur, de toute leur âme, il y aura toujours l'un de tes descendants sur le trône d'Israël.

Ensuite David demanda à son fils de le venger de certains de ses ennemis et de se montrer généreux envers ceux qui l'avaient secouru, quand il fuyait devant Absalon.

Puis le vieux roi se coucha avec ses pères et fut enseveli dans la Cité de David.

(Le livre de Samuel, le livre des Rois)

9. Salomon

La sagesse de Salomon

Salomon est considéré comme le plus grand roi d'Israël. Son long règne est heureux ; son peuple connaît la paix et vit dans l'aisance. Il entretient des rapports commerciaux avec de lointains pays, en Asie et en Afrique, et entreprend de grands travaux. Il est réputé pour sa sagesse et on l'admire dans tout l'Orient. Il est poète et on lui attribue plusieurs livres de la Bible : Les Proverbes, La Sagesse et Le Cantique des Cantiques, ce magnifique poème d'amour. En vérité, s'il a peut-être écrit en partie Les Proverbes, les autres textes ont été composés plusieurs siècles après la fin de son règne.

Salomon s'assit sur le trône de David, son père. Il commença par consolider son pouvoir en se débarrassant de ceux qui s'y opposaient et en s'alliant avec le Pharaon d'Égypte, dont il épousa la fille. Puis il se rendit dans la ville de Gabaon[1] pour offrir un sacrifice au Seigneur.

Yahvé lui apparut dans son sommeil[2].

— Que demandes-tu ? dit-Il au roi.

— Seigneur, tu as toujours montré beaucoup de bienveillance envers mon père David. Tu as permis que moi, son fils, je m'assoie sur son trône. Mais je ne suis qu'un jeune homme, le chef d'un peuple nombreux. Donne-moi les qualités nécessaires pour le gouverner et distinguer le bien du mal.

Cette demande plut au Seigneur. Il lui répondit :

— Tu n'as réclamé pour toi ni une longue vie, ni la richesse, ni la mort de tes ennemis. Je te donne ce que tu m'as demandé : un cœur sage et intelligent, tel que personne ne l'a eu avant toi et personne ne l'aura après toi. Et ce que tu ne m'as pas demandé, je te le donne aussi : la richesse, la gloire

1. Gabaon, au nord-ouest de Jérusalem, est un haut-lieu, endroit où l'on offrait des sacrifices à Dieu avant la construction du Temple de Jérusalem.

2. Dans l'Ancien Testament, le rêve est un moyen de communication entre Dieu et les hommes.

et une longue vie, si tu gardes mes commandements, comme l'a fait ton père, David.

Salomon eut bientôt l'occasion d'exercer son jugement.

Deux femmes vinrent le trouver. Elles vivaient dans la même maison et elles avaient toutes les deux accouché d'un fils au même moment. L'un des deux enfants était mort et chacune d'elles prétendait être la mère de l'enfant encore vivant.

— Apportez-moi une épée, ordonna Salomon. Qu'on partage l'enfant en deux et chacune en aura la moitié.

— Non, non ! s'écria la première femme. S'il vous plaît, Monseigneur, donnez-lui plutôt l'enfant, à elle, mais ne le tuez pas !

— Il ne sera ni à toi, ni à moi, dit la seconde. Coupez-le en deux.

Alors, le roi prit la parole :

— Qu'on donne l'enfant à la première femme, car c'est elle la mère.

Tout Israël[1] entendit parler du jugement rendu par le roi. Sa réputation de sagesse se répandit dans l'Orient. On sut aussi qu'il composait des proverbes et des chants dans lesquels il parlait des

1. Israël désigne ici à la fois les tribus du nord et la tribu de Juda.

plantes et des animaux. On venait de tous les pays pour le voir et pour l'entendre.

L'administration du royaume

Le royaume de Salomon comprenait tout le territoire d'Israël et s'étendait encore bien plus loin, depuis l'Euphrate jusqu'à la frontière égyptienne et sur le pays des Philistins. Les peuples qu'il dominait lui payaient un tribut et, par l'intermédiaire des préfets, fournissaient les vivres nécessaires à sa cour, ainsi que l'orge et le fourrage pour ses chevaux et ses nombreux attelages.

Salomon vécut en paix avec tous les pays qui l'entouraient. Sous son règne Juda et Israël demeurèrent en sécurité, chacun sous sa vigne et sous son figuier.

Il fit alliance avec Hiram, le roi de Tyr, en Phénicie, qui avait été l'ami de David, son père. Il construisit une flotte sur les bords de la mer Rouge et Hiram, pour l'aider, lui envoya des marins qui connaissaient bien la mer. Ses bateaux, comme ceux des Phéniciens, étaient de grands navires de commerce qui allaient chercher de l'or, de l'argent, de l'ivoire, des singes et des guenons dans des pays éloignés, en Arabie et même en Afrique.

La construction du Temple

Trois temples se sont successivement élevés à l'emplacement choisi par Salomon.

Celui qu'il a construit en 960 avant Jésus-Christ est détruit en 587 avant Jésus-Christ, quand les troupes du roi de Babylone s'emparent de Jérusalem et envoient ses habitants en captivité. Lorsque les Juifs reviennent d'exil, ils reconstruisent un temple moins grandiose. Il est à nouveau pillé et dégradé au IIe siècle avant Jésus-Christ. Hérode le Grand, nommé roi des Israélites grâce à ses protecteurs romains, au Ier siècle avant Jésus-Christ, fait exécuter de grands travaux à Jérusalem ; il rebâtit le temple, au sein d'une vaste cour ouverte à tous, même aux étrangers. Construit en marbre blanc rehaussé d'or, le temple resplendit... Pas pour longtemps ! La domination de Rome sur les Israélites fait naître une opposition farouche. Une véritable guerre a lieu, qui s'achève, en 70 après Jésus-Christ, dans le feu et le sang. Jérusalem et le temple sont incendiés par Titus.

Il ne reste aujourd'hui que le mur oriental, devant lequel les Juifs pieux viennent prier et qu'on a appelé le « Mur des lamentations ».

Ce fut Hiram qui, en échange de blé et d'huile, fournit à Salomon le bois de cèdre et de cyprès pour la construction du Temple. On coupa les arbres sur les pentes du Liban. Dans des carrières, on dut extraire et tailler de grandes pierres qui servirent aux fondations du bâtiment.

Presque cinq siècles après la sortie d'Égypte, au mois d'avril, la construction du Temple commença.

Les parois intérieures étaient faites en bois de cèdre, entièrement sculptées et plaquées d'or ; les planchers étaient en cyprès.

Dans la partie centrale fut aménagée une chambre sacrée, le Saint des Saints, pour y déposer l'Arche d'Alliance. Au milieu de cette chambre se dressaient deux chérubins[1] aux ailes déployées, de plus de quatre mètres de haut, en bois d'olivier recouvert d'or. Ils formaient un dais[2] protecteur au-dessus de l'Arche.

Sur les murs extérieurs étaient sculptés des chérubins, des palmes et des rosaces, également plaqués d'or.

Dans la région du Jourdain, Salomon fit couler les pièces de bronze destinées au Temple. Il avait engagé pour cela un habile ouvrier phénicien. Celui-ci façonna deux colonnes, couronnées par deux chapiteaux en forme de lotus, ornés d'entre-

1. Chérubins : sortes d'anges de grande taille.

2. Dais : sorte de plafond en bois ou en étoffe au-dessus d'un autel ou d'un trône.

lacs et de guirlandes. Ces colonnes devaient se trouver de chaque côté du vestibule[1]. Il fabriqua aussi la Mer de bronze, une cuve énorme qui reposait sur douze statues de bœufs, servant de réservoir d'eau pour les cérémonies ; puis douze cuves plus petites, ainsi que des pelles et des coupes.

Cependant l'autel pour offrir les sacrifices, les chandeliers, les lampes, les frontons des portes du Saint des Saints, tout cela était en or.

Salomon mit sept ans pour achever le Temple. Il fit aussi construire son palais. On l'appela la Maison de la Forêt du Liban, car il comportait quatre rangées de colonnes en bois de cèdre. À l'intérieur se trouvait la salle du trône, où le roi rendait la justice. Il lui fallut treize ans pour le terminer. De nombreux autres édifices s'élevèrent à Jérusalem, au Liban et dans tous les pays soumis à son autorité.

Pour toutes ces constructions, Salomon dut lever une corvée[2] : tous les anciens habitants du pays qui n'étaient pas Israélites y furent soumis.

Quand le Temple fut achevé, Salomon rassembla à Jérusalem les Anciens d'Israël, les chefs des tribus, tous les hommes, pour faire monter l'Arche depuis la Cité de David jusqu'au Temple, pendant la Fête

1. Vestibule : une salle à l'entrée du Temple.

2. Lever une corvée : obliger à travailler pour le roi les hommes soumis à son autorité.

des Tentes[1]. Le roi et la communauté offrirent en sacrifice à Dieu tant de bêtes qu'il était impossible de les compter. Les prêtres amenèrent l'Arche dans le Saint des Saints et lorsqu'ils en furent sortis, une nuée[2] remplit la Maison du Seigneur.

Le roi se tourna alors vers l'assemblée et lui donna la bénédiction.

— Béni soit le Seigneur, qui a accompli ce qu'Il avait dit : J'ai succédé à David, mon père, et j'ai donné un emplacement à l'Arche, où se trouve l'Alliance que Yahvé a conclue avec nos pères.

« Seigneur, Dieu d'Israël ! Il n'y a pas de Dieu pareil à toi, ni en haut dans le ciel ni en bas sur la terre.

« Écoute ma prière, ô Seigneur ! Que tes yeux restent ouverts sur cette maison, ce lieu dont tu as dit : Ici sera mon Nom. Écoute du haut du ciel, écoute et pardonne !

« Quand ton peuple sera vaincu, parce qu'il aura péché contre toi, s'il revient à toi et te supplie dans ce Temple, écoute-le, pardonne-lui et ramène-le dans son pays.

« Lorsque le ciel sera fermé et que la pluie ne tombera pas, parce que ton peuple aura péché, s'il

1. La Fête des Tentes : à l'automne, fête des récoltes après les vendanges et la récolte des olives.

2. Cette nuée est le signe de la présence divine, comme sur le mont Sinaï, quand Dieu donna à Moïse les Tables de la Loi.

prie en ce lieu et se repent de son péché, écoute-le, pardonne-lui, donne la pluie à son pays.

« S'il y a famine dans le pays, la peste, la rouille, la nielle[1], les sauterelles, si l'ennemi assiège les villes et que ton peuple te supplie, écoute-le depuis le ciel et traite-le selon sa conduite, car toi seul connais le cœur des humains. Même l'étranger qui vient de loin, parce qu'il a entendu ton nom, écoute-le depuis le ciel, exauce sa demande, afin que les peuples de la terre connaissent ton nom.

« Quand les enfants d'Israël auront péché contre toi et que, dans ta colère, tu les auras livrés à l'ennemi, quand leurs vainqueurs les auront emmenés captifs, s'ils se repentent, écoute leur prière... Fais-les prendre en pitié par ceux qui les gardent captifs, car il s'agit de ton peuple, que tu as fait sortir d'Égypte.

« Écoute-les chaque fois qu'ils crieront vers toi, car ils sont ton peuple et ton héritage et tu les as choisis parmi tous les peuples de la terre, eux que tu as fait sortir d'Égypte.

Dès que Salomon eut fini, il se releva de devant l'autel où il s'était agenouillé et debout, les mains tendues vers le ciel, il bénit l'assemblée.

Le roi et tout Israël offrirent ensuite des sacrifices au Seigneur. La fête dura sept jours. Le huitième

1. La rouille, la nielle : maladies des céréales.

jour, Salomon renvoya le peuple. Ils saluèrent le roi et rentrèrent dans leurs tentes, joyeux, le cœur content.

La visite de la reine de Saba

La reine de Saba[1] avait entendu parler de Salomon. Elle vint à Jérusalem avec une suite imposante, avec des chameaux chargés d'une grande quantité d'or, de pierres précieuses et d'aromates[2].

Pour mettre le roi à l'épreuve, elle lui posa des énigmes. Il sut toutes les résoudre.

Quand la reine vit la sagesse du roi, le palais qu'il s'était construit, la splendeur de sa cour, les holocaustes qu'il offrait au Seigneur, elle demeura sans voix. Puis elle finit par s'exclamer :

— Ce que l'on m'avait dit de toi et de ta sagesse était donc vrai ! Tu surpasses en qualité la réputation qui t'est faite. Heureux ceux qui te servent et béni soit le Seigneur ton Dieu qui t'a placé sur le trône d'Israël ! C'est parce que ton Dieu aime Israël qu'il t'a établi roi pour exercer le droit et la justice.

1. Saba : région du sud de l'Arabie, correspondant à peu près au Yémen actuel.

2. Aromates : parfums d'origine végétale.

Salomon offrit à la reine tout ce dont elle avait envie, sans compter des cadeaux somptueux, dignes de la grandeur de son royaume, et elle s'en retourna dans son pays avec sa suite.

Depuis sa visite à Salomon, il n'arriva plus jamais en Israël une telle quantité d'aromates.

Les ombres du règne

Salomon aimait beaucoup les femmes étrangères. Il avait sept cents femmes de rang princier et trois cents concubines[1]. Ces femmes adoraient les dieux de leur pays et, quand il devint vieux, Salomon construisit des temples pour eux et laissa ses épouses leur offrir des sacrifices et brûler de l'encens sur leurs autels.

Le Seigneur s'irrita contre lui. Il lui dit :

— Puisque tu n'as pas gardé mon alliance, ni observé mes lois, je t'arracherai la royauté et la donnerai à l'un de tes serviteurs. Mais à cause de David, ton père, je ne le ferai pas de ton vivant. Je l'arracherai de la main de ton fils. Cependant il gardera une tribu à Jérusalem, la ville que j'ai choisie.

Le Seigneur suscita des adversaires à Salomon, l'un à Edom, au sud, l'autre à Damas, au nord, à

1. Concubines : ici, épouses légitimes d'un rang inférieur.

l'extérieur du royaume. À l'intérieur, Jéroboam, un jeune homme courageux et intelligent, que Salomon avait remarqué, se révolta pourtant : un prophète lui avait prédit, au nom de Yahvé, qu'il régnerait sur les dix tribus d'Israël. Le roi l'apprit.

Sachant que sa vie était menacée, Jéroboam s'enfuit en Égypte, où il resta jusqu'à la mort du roi.

Au bout de quarante ans de règne, Salomon mourut et fut enseveli dans la Cité de David, son père.

Son fils Roboam régna à sa place.

(Le livre des Rois)

Après la mort de Salomon, les tribus du nord et celles du sud se séparent. Au nord, les dix tribus d'Israël ont pour capitale Samarie ; au sud, la tribu de Juda, à laquelle se joint celle de Benjamin, garde pour capitale Jérusalem. Jéroboam règne sur Israël et Roboam sur Juda – qu'on appelle bientôt la Judée.

Pendant deux siècles, ces deux royaumes restent côte à côte, tantôt en guerre l'un contre l'autre, tantôt unis pour combattre un ennemi extérieur.

Au VIIIe siècle avant Jésus-Christ, le roi d'Assyrie conquiert le royaume du nord, assiège Samarie et déporte trente mille prisonniers. Il installe à leur place d'autres populations d'Orient qui, mêlées aux habitants restés là, deviendront plus tard les Samaritains.

Au VIe siècle avant Jésus-Christ, le roi de Babylone, Nabuchodonosor, asservit le royaume de Judée et, en 587 avant Jésus-Christ, s'empare de Jérusalem, l'incendie et détruit le Temple. Les habitants partent en captivité à Babylone.

En 539 avant Jésus-Christ, Cyrus, le roi de Perse, pénètre dans Babylone en libérateur. Il est à la tête d'un empire immense et respecte les croyances de chaque peuple qu'il soumet. Il autorise le retour des Juifs[1] *en Judée et la reconstruction du Temple.*

Par la suite, l'Empire perse ne résistera pas à Alexandre le Grand, venu de Macédoine. Celui-ci se montre bienveillant à l'égard des Juifs, mais il meurt en 323 avant Jésus-Christ et la Syrie et l'Égypte se disputent la Judée. Interviennent alors les Romains. Sous leur domination, les Juifs vont se révolter si bien que Titus, le fils de l'empereur Vespasien, fera le siège de Jérusalem et la ville sera complètement détruite en 70 après Jésus-Christ.

Au siècle suivant, les Juifs seront interdits de séjour à Jérusalem. Ils continueront à se disperser à travers le monde : l'ensemble des communautés juives en dehors de la Palestine se nomme la Diaspora.

1. Les Israélites, appelés Hébreux jusqu'à leur entrée dans la Terre promise, seront nommés Juifs dès leur retour de Babylone.

10. Judith

La campagne d'Holopherne

L'auteur de ce récit est sans doute parti d'un fait réel. Mais il ne tient pas compte de l'histoire ni de la géographie : Nabuchodonosor était en réalité roi de Babylone et ne régna jamais sur les Assyriens ; la ville de Béthulie n'est située sur aucune carte.

L'histoire de Judith est une belle histoire, écrite en grec à la fin du IIe siècle avant Jésus-Christ. Elle montre qu'une simple femme, pieuse, intelligente et belle, peut agir plus courageusement que les hommes de son entourage et, avec l'aide de Dieu, triompher des ennemis d'Israël.

Quand Nabuchodonosor, roi des Assyriens, décida de faire la guerre aux Mèdes[1], il demanda aux peuples qui l'entouraient de se joindre à lui. Tous refusèrent. Après sa victoire sur les Mèdes, Nabuchodonosor se vengea.

Holopherne, son général en chef, partit avec une immense armée, cent vingt mille fantassins[2] d'élite, douze mille cavaliers, des chars, et puis des chameaux, des ânes, des mulets pour porter les bagages, et puis des moutons, des bœufs, des chèvres pour nourrir les hommes : ils étaient si nombreux que, de loin, on aurait cru voir se déplacer une nuée de sauterelles.

Allant de l'est vers l'ouest, ils avançaient en pillant, brûlant, massacrant, si bien que les pays qu'ils allaient traverser se soumettaient les uns après les autres. Holopherne enrôlait les hommes les plus vaillants dans son armée comme auxiliaires. Ensuite il dévastait leur territoire et coupait leurs bois sacrés, car il voulait détruire tous les dieux de la terre pour obliger les peuples à adorer le seul Nabuchodonosor.

Il arriva enfin au nord de la grande chaîne de montagnes de Judée. Là il s'arrêta pendant un mois pour se réapprovisionner.

1. Les Mèdes : peuple vivant dans le pays qui est aujourd'hui l'Iran. Ils se sont souvent battus contre les Assyriens.

2. Fantassins : soldats qui se déplacent à pied.

Alerte en Judée

Les Israélites qui vivaient en Judée apprirent qu'Holopherne approchait et que, sur son passage, il pillait et détruisait tous les sanctuaires[1]. Ils tremblèrent pour Jérusalem et pour le temple qu'ils venaient juste de reconstruire – car ils étaient rentrés de captivité depuis peu de temps. Ils se préparèrent à affronter l'armée d'Holopherne, occupèrent les sommets des montagnes, fortifièrent les villages, firent des réserves de nourriture, leurs champs venant d'être moissonnés.

En face de la grande plaine où campait l'armée assyrienne, en Samarie[2], se trouvait la ville de Béthulie, accrochée à un piton rocheux. Elle commandait des défilés[3] si étroits qu'on ne pouvait s'y glisser plus de deux à la fois. Le grand-prêtre de Jérusalem écrivit aux habitants de Béthulie pour leur demander de garder ces passages, seule voie d'accès à la Judée.

Tous les Israélites prièrent Yahvé avec ardeur et jeûnèrent, ainsi que leurs femmes et leurs enfants,

1. Sanctuaires : lieux saints, édifices religieux.
2. Samarie : partie de la Palestine au nord de la Judée.
3. Défilés : passages étroits dans la montagne.

leurs esclaves et même les étrangers qui vivaient avec eux ; ils se revêtirent de sacs, couvrirent leur tête de cendre et ceux qui étaient à Jérusalem se prosternèrent devant le temple.

Cependant, on avait informé Holopherne que les fils d'Israël se préparaient à la guerre. Il se mit en colère.

— Quel est donc ce peuple ? En quoi réside sa force ? Et pourquoi n'est-il pas venu à ma rencontre avec des paroles de paix, comme l'ont fait les autres peuples ? Mais nous les frapperons, nous les exterminerons, ils ne pourront pas résister à la puissance de nos chevaux, leurs montagnes s'enivreront de leur sang et leurs vallées se rempliront de leurs cadavres ! Ils périront jusqu'au dernier, comme l'a dit Nabuchodonosor, notre roi et le maître de la terre !

Holopherne se mit donc en marche avec son immense armée, plus tous ceux qui s'étaient joints à elle. Ils arrivèrent près de la source au pied de la montagne de Béthulie et ils se déployèrent en profondeur et en largeur.

En voyant cette multitude, les habitants de la ville furent plongés dans l'angoisse. Chacun endossa sa tenue de combat, on alluma des feux sur les tours et l'on monta la garde toute la nuit.

Béthulie assiégée

Béthulie occupe une position stratégique : si ses habitants cèdent aux assaillants assyriens, les troupes d'Holopherne pourront envahir la Judée, parvenir à Jérusalem et détruire le temple qui vient d'être reconstruit. Ils doivent absolument résister.

Le lendemain, Holopherne fit sortir sa cavalerie sous les yeux des Israélites. Il inspecta les pentes de la montagne et les points d'eau ; puis il retourna dans sa tente au milieu du camp. Les chefs des Édomites et des Moabites, depuis toujours ennemis d'Israël, vinrent le trouver.

— Maître, écoute notre parole. Pour épargner la vie de tes soldats, ne combats pas les Israélites en bataille rangée dans la plaine. Empare-toi de la source en bas de la montagne qui alimente en eau leur ville. Nous et nos hommes occuperons les sommets des montagnes tout autour de Béthulie : pas un seul de ses habitants ne pourra en sortir. Ils auront faim et soif. Avant que ton épée ne les touche, ils seront tous tombés dans la rue, devant leur demeure. Tu leur feras payer cher leur révolte !

Holopherne trouva bon ce conseil et le suivit. Durant trente-quatre jours l'armée assyrienne – fantassins, chars et cavaliers – tint les Israélites encerclés.

Les habitants de Béthulie avaient beau prier Yahvé, ils perdaient courage. Les jarres et les citernes[1] se vidaient, l'eau était rationnée, personne ne pouvait plus boire à sa soif. Les petits enfants s'affaiblissaient, les femmes et les jeunes gens, épuisés, tombaient sur les places publiques.

Les habitants se rassemblèrent autour d'Ozias et de deux autres chefs de la ville.

— Vous nous avez causé grand tort en refusant de faire la paix avec les Assyriens. Aujourd'hui plus personne ne peut nous porter secours. Dieu nous a livrés entre les mains de nos ennemis pour que nous mourions de soif et de faim. Il faut appeler Holopherne et livrer la ville au pillage de ses troupes : car mieux vaut pour nous devenir leur proie que de mourir de soif. Nous serons leurs esclaves, mais nous vivrons et nous ne verrons pas mourir sous nos yeux nos enfants et nos femmes.

Et ils se lamentaient bruyamment.

— Courage, mes frères ! leur répondit Ozias. Tenons encore cinq jours... D'ici là le Seigneur aura

1. Les jarres : grands récipients de forme allongée en terre cuite, pour conserver l'eau, l'huile ou le vin. Les citernes : réservoirs qui recueillent l'eau de pluie.

pitié de nous ! Il ne nous abandonnera pas... Mais si, au bout de cinq jours, nous ne sommes pas secourus, je ferai ce que vous demandez.

Judith

Or, dans la ville de Béthulie, habitait une veuve, Judith[1]. Son mari était mort depuis trois ans. Elle était très belle, mais elle portait des habits de deuil et elle jeûnait tous les jours, sauf au moment des fêtes. Manassé, son mari, lui avait laissé de la fortune, des serviteurs, des troupeaux et des champs. Elle vivait retirée dans sa maison. Personne n'aurait pu dire de mal d'elle, car c'était une femme pieuse, qui craignait Dieu.

Judith sut que le peuple s'était plaint d'Ozias et que celui-ci avait promis, si Dieu ne les secourait pas, de livrer Béthulie aux Assyriens au bout de cinq jours. Elle invita les trois chefs de la ville à venir chez elle.

— Écoutez-moi, leur dit-elle. Vous avez tort de vouloir livrer la ville à nos ennemis si le Seigneur ne nous porte pas secours dans les cinq jours qui

1. Judith signifie « la Juive ». Nom symbolique : Judith représente le peuple juif.

viennent. Qui êtes-vous pour oser Lui imposer un délai ? Le Seigneur a le pouvoir de nous sauver ou de nous détruire dans le temps qu'Il veut. En attendant le salut, prions-Le et Il entendra notre voix. Comme nous ne nous sommes jamais détournés de Lui, nous pouvons espérer qu'Il ne se détournera pas de nous. Car si nous sommes pris, toute la Judée sera prise après nous, nos frères seront tués ou envoyés en captivité, le temple sera pillé et profané[1]. La vie de nos frères dépend de nous... Mais rendons grâce au Seigneur qui nous impose cette épreuve comme, avant nous, Il a éprouvé Abraham, Isaac et Jacob !

— Tu as bien parlé, répondit Ozias. Tu es réputée pour ta sagesse et ton intelligence. Mais le peuple a tellement soif ! Il nous a forcés à agir comme nous l'avons fait et nous devons tenir notre promesse. Prie pour nous, pour que le Seigneur nous envoie de la pluie qui remplisse les citernes !

— Écoutez-moi bien ! Je vais accomplir une action dont le souvenir se transmettra dans notre peuple, de génération en génération. Cette nuit, tenez-vous à la porte de la ville et laissez-moi passer avec ma servante. Ne cherchez pas à savoir ce que je vais faire, car je ne vous le dirai pas avant de l'avoir fait.

1. Profané : traité sans respect, en violant son caractère sacré.

— Va en paix ! Et que le Seigneur soit avec toi pour tirer vengeance de nos ennemis !

Après leur départ, Judith se couvrit la tête de cendre et tomba face contre terre pour supplier Dieu de l'aider dans son entreprise, de donner de la force à son bras et que soit puni, par une main de femme, l'orgueil démesuré des Assyriens.

Puis elle se releva, retira ses habits de deuil, se baigna, se parfuma, peigna sa chevelure et la retint par un bandeau. Elle mit les vêtements de fête qu'elle portait du vivant de son mari. Elle chaussa des sandales et se para de tous ses bijoux, colliers, bracelets, bagues, boucles d'oreille : elle se fit aussi belle, aussi séduisante que possible. Elle donna à sa servante une outre de vin et une cruche d'huile et remplit une besace[1] de galettes d'orge, de gâteaux de fruits secs, de pains et de fromage, soigneusement empaquetés.

Elles partirent. À la porte de Béthulie, elles trouvèrent les chefs de ville, stupéfaits et pleins d'admiration devant la beauté de Judith. Ils firent ouvrir la porte et suivirent du regard les deux femmes qui descendaient la pente de la montagne et atteignaient la plaine. Puis elles disparurent à leurs yeux.

1. Besace : long sac de toile.

Dans le camp d'Holopherne

Elles marchèrent droit devant elles et parvinrent à un avant-poste des Assyriens. Judith leur expliqua qu'elle était juive et fuyait Béthulie, car elle savait que la ville serait bientôt livrée aux troupes assyriennes. Elle demanda à rencontrer le général Holopherne et prétendit lui montrer le chemin à suivre dans la montagne ; ainsi il se rendrait facilement maître de la région.

Les soldats l'emmenèrent jusqu'à la tente du général et, tandis qu'elle attendait devant, un attroupement se forma autour d'elle. De tout le camp on venait la voir, on admirait sa beauté. Des officiers allèrent informer Holopherne. Celui-ci reposait sur son lit, protégé par une moustiquaire de couleur pourpre, rehaussée d'or et de pierres précieuses. Il alla à la rencontre de Judith, précédé par des serviteurs qui portaient des flambeaux d'argent. Dès qu'il la vit, il fut frappé par sa beauté. Elle se prosterna devant lui[1], mais ses serviteurs la relevèrent.

1. Selon la coutume orientale, on se prosterne devant un personnage important.

— Ne crains rien, femme, lui dit-il. Je n'ai jamais fait de mal à ceux qui ont choisi de servir Nabuchodonosor. Si ton peuple ne m'avait pas méprisé, je n'aurais pas levé ma lance contre lui. Dis-moi pourquoi tu es venue. Personne ne te fera de tort, au contraire tu seras bien traitée.

— Accueille favorablement les paroles de ton esclave, répondit Judith. Je ne te mentirai pas. Si tu suis l'avis de ta servante, Dieu s'occupera de toi et mon Seigneur n'échouera pas dans son entreprise[1]. Car tu es sage et habile homme de guerre. Sache que notre peuple n'est pas puni tant qu'il ne pèche pas contre Dieu. Mais à cause du manque d'eau et de nourriture, les habitants de Béthulie finiront par manger des aliments interdits : alors, ils seront punis. Ils te seront livrés et tu pourras facilement prendre la ville. Voilà pourquoi je me suis enfuie. Désormais je resterai près de toi. Mais laisse-moi sortir du camp la nuit pour que je puisse prier mon Dieu. Il me dira quand les Israélites auront commis la faute et je te le ferai savoir. Tu les poursuivras avec ton armée et personne ne te résistera.

Les paroles de Judith plurent à Holopherne. Il voulut lui offrir à manger et à boire, mais elle se

1. Les paroles de Judith sont à double sens. Pour elle « mon Seigneur » désigne Yahvé, et Holopherne comprend qu'il s'agit de lui.

contenta des provisions qu'elle avait apportées. On lui donna une tente.

Elle dormit une partie de la nuit. L'aurore s'annonçait à peine quand elle se leva et sortit du camp avec sa servante. Elles se dirigèrent vers la source au bas de la montagne. Holopherne avait commandé à ses gardes de les laisser aller à leur guise toutes les deux. Judith se lava dans l'eau de la source et pria le Seigneur de l'aider à sauver son peuple ; puis elle retourna sous sa tente, où elle passa la journée. Elle vécut ainsi pendant trois jours.

Le quatrième jour, Holopherne offrit un banquet à ses officiers et il invita Judith. Elle se prépara avec soin et mit ses plus beaux vêtements. Elle s'installa en face du général. Il la regardait et se sentait troublé.

— Bois donc ! Partage notre joie ! s'écria-t-il. Je bois volontiers... Je n'ai jamais eu autant de plaisir qu'aujourd'hui !

Elle mangea ce que sa servante lui avait préparé, puis elle leva son verre en l'honneur du général. Holopherne était sous son charme et il but beaucoup de vin, plus qu'il n'en avait jamais bu en un seul jour de toute sa vie.

Quand il se fit tard, les invités allèrent se coucher. La servante de Judith l'attendait au-dehors, comme tous les soirs. Judith demeura seule avec Holopherne, affalé sur son lit, noyé dans les vapeurs de l'ivresse.

Debout près de lui, elle s'adressa à Yahvé :

— Seigneur Dieu tout-puissant, regarde ce que mes mains vont faire pour la gloire de Jérusalem ! Prends soin de ton héritage, aide-moi à réaliser mon plan, à écraser les ennemis qui se sont levés contre nous !

Elle saisit le cimeterre[1] accroché au montant du lit, tira l'homme par les cheveux et, tout en disant : « Rends-moi forte en ce jour, Seigneur, Dieu d'Israël ! », elle le frappa avec vigueur deux fois au cou et elle lui détacha la tête. Elle fit ensuite rouler son corps loin du lit et elle arracha la moustiquaire qui pendait au-dessus.

Puis elle sortit, donna la tête d'Holopherne à sa servante, qui l'enfouit dans la besace à provisions. Et toutes deux sortirent du camp, comme de coutume. Mais une fois le camp traversé, elles commencèrent à grimper la pente de la montagne jusqu'à la porte de Béthulie.

Le retour de Judith

— Ouvrez-nous ! Ouvrez la porte ! cria Judith aux gardiens. Le Seigneur Dieu est avec nous, Il

1. Cimeterre : sabre à lame large et recourbée.

saura déployer sa force comme Il l'a fait aujourd'hui !

Aussitôt que les habitants de la ville l'eurent entendue, ils accoururent, tous, du plus grand au plus petit. Ils ne s'attendaient pas à son arrivée ; ils allumèrent un feu pour pouvoir s'éclairer et ils entourèrent les deux femmes. Judith leur dit, d'une voix forte : « Louez Dieu ! Louez le Seigneur qui cette nuit a, par ma main, brisé nos ennemis ! » et elle sortit de la besace la tête d'Holopherne.

Le peuple, stupéfait, tomba à genoux pour adorer Yahvé.

— Bénie sois-tu, ma fille, lui dit Ozias, et béni le Seigneur qui t'a conduite pour trancher la tête du chef ennemi ! Tous les hommes se souviendront de toi, car tu n'as pas ménagé ta vie quand notre peuple était humilié, tu nous as sauvés du désastre, en marchant droit à ton but devant Dieu !

Le lendemain, quand les Assyriens découvrirent que leur général était mort, décapité, ils poussèrent des clameurs d'effroi et de détresse et, dans le camp, ce fut la débandade. Ils s'enfuirent, poursuivis par les Israélites.

Judith fut célébrée et fêtée. Elle conduisit le groupe des femmes, couronnées d'olivier, et les hommes suivaient en chantant. Alors elle entonna cette action de grâces et tout le peuple reprit en chœur :

Louez Dieu avec des tambourins,
Chantez le Seigneur avec des cymbales !
C'est un Dieu qui brise les guerres,
Il a placé son camp au milieu du peuple
Et m'a arrachée à mes poursuivants...

Elle se rendit ensuite à Jérusalem, où elle resta trois mois, et elle dédia à Dieu la moustiquaire qu'elle avait arrachée du lit d'Holopherne.

Puis elle retourna à Béthulie, où elle passa le reste de sa vie dans sa maison. Elle vécut jusqu'à cent cinq ans et ne se remaria jamais. Elle avait affranchi[1] sa servante et distribué ses biens à sa famille. Elle fut ensevelie dans la tombe aux côtés de Manassé, son mari.

Judith demeura célèbre en Israël. De son vivant, plus aucun ennemi n'inquiéta son peuple.

(Le livre de Judith)

1. Sa servante, considérée comme esclave, devient une femme libre.

11. ESTHER

La disgrâce de Vasthi

L'histoire d'Esther n'est pas un récit historique, même si certains éléments correspondent à ce que l'on connaît de l'Empire perse : par exemple l'évocation de la ville de Suse, les mœurs de la cour, la vie dans le harem. Mais à part Assuérus/Xerxès, tous les personnages sont inconnus. En outre, les rois de Perse se montraient tolérants envers les peuples étrangers qu'ils gouvernaient : il est peu vraisemblable que l'un d'entre eux ait accepté d'exterminer les Juifs.

Le livre d'Esther, écrit d'abord en hébreu, puis en grec, date probablement de la fin du II*e siècle avant Jésus-Christ.*

C'était au temps où Assuérus[1] régnait sur cent vingt-sept provinces, de l'Inde jusqu'à la Nubie[2].

La troisième année de son règne, il organisa un grand banquet à Suse, sa capitale. Tous ses nobles et ses ministres étaient invités et, pendant une longue période de cent quatre-vingts jours, il étala sous leurs yeux sa richesse et la splendeur de son royaume. Ensuite il donna à toute la population de Suse, du plus riche au plus modeste, un banquet de sept jours, dans la cour du palais royal. Sous des rideaux de dentelle et des tissus de pourpre, il y avait des lits[3] d'or et d'argent. Le sol était pavé de marbre et de mosaïques. Chacun pouvait boire autant qu'il voulait.

Pendant ce temps, à l'intérieur du palais, la reine Vasthi offrait un festin aux femmes.

Le septième jour, le roi, mis en gaieté par le vin, demanda à ses serviteurs d'aller chercher la reine :

1. Assuérus : transcription en hébreu du nom du roi de Perse, Xerxès (Ve siècle avant J.-C.)

2. Nubie : pays d'Afrique nord-orientale.

3. Comme chez les Romains, on mangeait étendu sur un lit.

il désirait montrer sa beauté – qui était grande – au peuple et à ses ministres. Mais elle refusa.

Assuérus se mit en colère. Puisque Vasthi n'avait pas obéi à l'ordre que lui avait donné son royal époux, désormais toutes les femmes du royaume risquaient d'en faire autant et de mépriser leur mari. Le roi consulta ses ministres et il fut décidé que Vasthi n'aurait plus le droit de paraître devant le roi ; celui-ci donnerait son titre de reine à une autre, meilleure qu'elle. Ainsi, dans le royaume, tout homme demeurerait maître chez lui.

Un peu après ces événements, les courtisans au service du roi cherchèrent dans toutes les provinces les jeunes filles les plus belles. Elles vinrent à Suse, dans le harem[1], et on leur donna tout ce qu'il leur fallait pour se parer. Celle qui plairait au roi deviendrait reine.

Esther devient reine

Or à Suse vivait un Juif, Mardochée, de la tribu de Benjamin. Il descendait de Saül, roi d'Israël. Il avait été déporté de Jérusalem par Nabuchodonosor.

1. Harem : appartement des femmes chez les princes orientaux.

Il élevait, comme si elle avait été sa fille, sa cousine Esther, dont les parents étaient morts. Esther était très belle.

Elle fut emmenée au palais avec les autres jeunes filles. Elle plut au gardien des femmes qui lui donna tous les produits de beauté nécessaires à sa toilette et fit venir de la maison du roi, pour la servir, sept suivantes[1]. Il leur attribua le meilleur appartement du harem.

Esther n'avait parlé à personne de son origine juive ni de sa parenté avec Mardochée, car il le lui avait défendu. Il se promenait tous les jours devant la cour du harem, pour savoir si elle allait bien et si elle était bien traitée.

Chaque jeune fille qui se présentait à son tour devant le roi avait le droit de demander tout ce qu'elle voulait emporter du harem. Quand ce fut le tour d'Esther, elle ne demanda rien de plus que ce qu'elle avait déjà reçu. Elle gagna la bienveillance de tous ceux qu'elle rencontrait.

Quand le roi la vit, il tomba aussitôt amoureux d'elle. Il posa la couronne royale sur sa tête et elle devint reine. Assuérus donna en son honneur un grand banquet et distribua à tous des présents généreux.

1. Suivante : demoiselle d'honneur au service d'une femme noble ou d'une reine.

À cette époque, Mardochée était attaché au service du roi et se tenait à la porte royale[1]. Il apprit que deux serviteurs d'Assuérus, qui auraient dû veiller à sa sécurité, complotaient contre leur maître. Il prévint Esther, qui en parla au roi, au nom de Mardochée. Une enquête fut menée : les deux hommes, arrêtés, avouèrent leur crime et furent pendus. On écrivit le récit de ces faits dans les Chroniques[2] du règne, en présence du roi.

Aman et les Juifs

Sur ces entrefaites, le roi donna un poste élevé à un homme d'origine amalécite[3], qui se nommait Aman. Il l'éleva bien au-dessus de ses ministres. Ordre fut donné à tous les serviteurs présents à la porte royale de se prosterner devant cet homme.

Seul Mardochée ne se prosterna pas. « Pourquoi désobéis-tu aux ordres ? » lui demandèrent

1. La porte royale : la porte du bâtiment où se trouve l'administration royale.

2. Chroniques : livre dans lequel les faits importants du règne sont notés.

3. Les Amalécites sont depuis toujours des ennemis d'Israël. Saül les a combattus.

les autres serviteurs. Ils répétaient la même question chaque jour, mais lui ne les écoutait pas. Alors ils dénoncèrent son attitude à Aman qui se mit en fureur. Il n'en voulait pas seulement à Mardochée, mais à tout son peuple, car il avait appris que Mardochée était juif. Il était décidé à exterminer tous les Juifs, dans tout le royaume d'Assuérus.

Il tira au sort pour savoir quel jour de quel mois devrait avoir lieu le massacre : le sort tomba sur le treizième jour du douzième mois[1].

Puis il alla trouver le roi :

— Dans ton royaume existe un peuple qui est différent des autres. Il n'a pas les mêmes lois, il n'exécute pas tes ordres. Le roi n'a pas intérêt à le laisser vivre tranquille. S'il lui plaît, qu'il décide de l'anéantir et signe un décret pour cela. En échange je donnerai dix mille pièces d'argent au Trésor royal.

Assuérus enleva son anneau de son doigt et le tendit à Aman en lui disant :

— Garde ton argent et fais de ce peuple ce que tu voudras.

Au nom du roi une lettre, scellée par l'anneau royal, fut envoyée au gouverneur de chaque province, dans la langue de chaque peuple, donnant l'ordre de tuer tous les Juifs, jeunes et vieux,

1. Le douzième mois : février-mars.

femmes et enfants, le treizième jour du douzième mois, et permettant aussi de piller tous leurs biens.

Des courriers étaient partis à toute vitesse pour porter cette lettre ; l'annonce de ce décret fut faite à Suse, plongeant la ville dans la désolation.

La demande de Mardochée

Dès que Mardochée apprit ce qui se préparait, il déchira ses vêtements, se revêtit d'un sac et se couvrit de cendre. Il parcourut la ville en poussant des cris de douleur ; il alla jusqu'à la porte royale, mais il ne put entrer, car ceux qui étaient revêtus d'un sac n'avaient pas le droit de franchir la porte. Et partout, parmi les Juifs, ce n'étaient que deuil, jeûne, lamentations, sac et cendre.

Les suivantes d'Esther l'avertirent. Pleine d'angoisse, elle envoya des vêtements à Mardochée : de la sorte il pourrait venir jusqu'à elle. Mais il refusa de les mettre. Elle demanda alors à l'un des gardiens du harem d'aller le voir. Elle apprit ainsi ce qui était arrivé et même combien d'argent Aman avait proposé en échange de l'extermination des Juifs.

Mardochée lui fit remettre une copie du décret royal ; il lui ordonna d'aller trouver le roi et de lui demander grâce pour son peuple.

— Ah ! s'écria Esther, tous les serviteurs royaux, tous les peuples dans toutes les provinces savent bien que quiconque, homme ou femme, entre chez le roi sans être appelé risque la mort – sauf si le roi lui tend son sceptre d'or. Quant à moi, cela fait trente jours que je n'ai pas été appelée.

Le gardien du harem transmit ces paroles à Mardochée, qui répondit à Esther :

— Ne t'imagine pas qu'étant dans le palais, à la différence des autres Juifs, tu échapperas au massacre. Si tu persistes à te taire, la délivrance de ton peuple se fera d'une autre façon, tandis que toi et ta famille, vous périrez. Mais qui sait ? Si c'était pour une occasion comme celle-ci que tu étais devenue reine ?

Esther alors fit dire à Mardochée :

— Va réunir tous les Juifs de Suse, qu'ils jeûnent pendant trois jours et j'en ferai autant avec mes suivantes. Et puis j'irai trouver le roi et si je dois mourir, je mourrai.

Esther devant le roi

Comme dans l'histoire de Judith, une femme sauve son peuple de l'extermination. Mais, à la différence de Judith, Esther n'agit pas de sa propre initiative :

c'est Mardochée, le cousin remplaçant son père, qui lui dicte sa conduite.

Au bout de trois jours, Esther revêtit ses vêtements royaux et se présenta devant l'appartement du roi. Celui-ci était assis sur son trône, dans toute sa majesté.

Esther était accompagnée par deux de ses suivantes : l'une portait la traîne de sa robe et elle s'appuyait sur l'autre, car elle tremblait de peur.

Quand Assuérus la vit, il lui jeta un regard de colère. Elle changea de couleur et s'affaissa contre sa suivante.

Mais le roi se radoucit. Il se leva de son trône et, plein d'inquiétude, il prit la reine dans ses bras, tentant de la réconforter par des paroles apaisantes.

— Qu'y a-t-il, Esther ? Rassure-toi ! Approche ! et il leva son sceptre d'or et le posa sur son cou. Que désires-tu ? Dis-moi ce que tu veux et même si c'est la moitié de mon royaume, tu l'auras !

— Aujourd'hui est un grand jour pour moi... S'il plaît au roi, qu'il accepte de venir avec Aman au banquet que je lui ai préparé.

— Qu'on prévienne Aman immédiatement pour répondre à l'invitation d'Esther !

Tous deux se rendirent chez la reine et, à la fin du festin, Assuérus s'adressa à Esther :

— Que demandes-tu ? Dis-le-moi et serait-ce la moitié de mon royaume, c'est accordé d'avance !

— Ce que je demande… Si j'ai trouvé grâce aux yeux du roi, qu'il vienne encore demain avec Aman au banquet que je donnerai. Alors, j'exécuterai l'ordre du roi.

Ce jour-là, Aman sortit de l'appartement de la reine le cœur en fête. Mais quand il arriva à la porte royale et qu'il vit Mardochée immobile, n'esquissant pas un geste pour le saluer, il se sentit plein de colère. Rentré chez lui, il appela ses amis et sa femme et leur parla de sa condition présente, de sa richesse, de la faveur du roi qui l'élevait au-dessus de ses ministres.

— La reine Esther vient de m'inviter avec le roi, moi seul, aujourd'hui, et je suis encore invité demain ! Mais tout cela n'aura pour moi aucune valeur tant que je verrai le Juif Mardochée assis devant la porte royale.

— Eh bien ! tu n'as qu'à faire faire une potence et demain tu demanderas au roi qu'on le pende ! Ensuite tu pourras te rendre gaiement au banquet.

Aman fut ravi du conseil et fit préparer la potence.

Mardochée à l'honneur

Or cette nuit-là, le roi ne parvenait pas à dormir. Il se fit lire les Chroniques de son règne. Il écouta l'épisode où il était question de Mardochée et comment celui-ci avait dénoncé les deux hommes qui complotaient contre leur maître.

— Quelle distinction a-t-il reçue pour cela ? demanda Assuérus.

— Aucune, lui répondit-on.

— Qui est de service dans la cour ?

— C'est Aman.

En effet celui-ci venait d'arriver pour demander au roi de faire pendre Mardochée.

— Qu'il entre ! dit le roi. Puis s'adressant à Aman : À ton avis, comment faut-il traiter un homme que le roi veut honorer ?

« C'est sûrement à moi qu'il pense », se dit Aman. Il répondit :

— Le roi veut honorer quelqu'un ? Qu'on apporte un magnifique vêtement que le roi aura porté. Qu'on amène un cheval que le roi aura monté. Qu'on remette à l'un des plus nobles ministres vêtement et cheval, il habillera l'homme que le roi veut honorer, il le fera monter sur le cheval et le conduira sur la grand-place, en le précédant pour crier : Voyez comme est traité l'homme que le roi veut honorer !

— Vite ! dit Assuérus, prends le vêtement et le cheval, et tout ce que tu viens de dire, fais-le pour honorer le Juif Mardochée qui se tient à la porte royale. Et ne néglige rien de ce que tu as proposé !

Aman prit vêtement et cheval, habilla Mardochée, le promena sur la grand-place, en criant devant lui :

— Voyez comme est traité l'homme que le roi veut honorer !

Ensuite Mardochée retourna à la porte royale et Aman s'en revint chez lui, accablé, la tête basse, et il raconta à sa femme et à ses amis ce qui venait de se passer.

— Tu as commencé à déchoir devant le Juif Mardochée et tu tomberas encore plus bas ! déclarèrent-ils.

À peine avaient-ils fini de parler que des serviteurs venaient chercher Aman pour le conduire en hâte au banquet offert par Esther.

La chute d'Aman

Ce second jour le roi répéta à la reine :

— Dis-moi ce que tu veux, même si c'est la moitié de mon royaume, tu l'auras ! C'est accordé d'avance.

— Si j'ai vraiment trouvé grâce à tes yeux et si tel est ton bon plaisir, ô roi, accorde-moi la vie et la vie de mon peuple ! Car on nous a vendus pour que nous soyons exterminés ! tués ! anéantis ! Si encore nous étions vendus comme esclaves, ou comme servantes, je n'aurais pas parlé, car cela n'aurait pas valu la peine d'importuner le roi, mais...

Assuérus coupa la parole à la reine :

— Qui est-ce ? Où est l'homme qui a imaginé un tel crime ?

— Le persécuteur, l'ennemi, c'est Aman, ce misérable !

Aman se sentit glacé de terreur.

Le roi, dans sa fureur, quitta le banquet pour faire quelques pas dans le jardin du palais. Aman, demeuré près d'Esther, en profita pour implorer sa grâce ; il sentait bien que le roi avait décidé sa mort.

Quand Assuérus revint du jardin, il trouva Aman effondré sur le lit[1] où Esther était étendue.

— Va-t-il faire violence à la reine, chez moi, dans mon palais ? s'écria-t-il. Il donna un ordre et un serviteur jeta un voile sur le visage d'Aman[2].

Un autre suggéra :

— Aman a fait faire chez lui une potence pour Mardochée et...

— Qu'on l'y pende ! interrompit le roi.

Et l'on pendit Aman à la potence prévue pour Mardochée. Alors la fureur du roi se calma.

Triomphe des Juifs

Les jours suivants, le roi révoqua[3] le décret qu'il avait publié contre les Juifs et autorisa ceux-ci à se

1. Esther et les autres convives mangent étendus sur un lit.
2. On voilait le visage des condamnés à mort.
3. Révoqua : annula.

venger de leurs ennemis, le jour même où Aman avait prévu leur anéantissement.

Ce qu'ils firent.

La ville de Suse se réjouit. Partout ce fut, pour les Juifs, joie, fête et festin.

Mardochée, qui avait à présent une position importante dans le royaume, rapporta tous ces événements par écrit. Il envoya une lettre aux Juifs des cent vingt-sept provinces pour leur demander de célébrer le jour où leur situation s'était renversée, où ils étaient passés de la peine à la joie et du deuil à la fête.

C'est la fête des *Pourim*[1], au cours de laquelle on échange des cadeaux et l'on fait des dons aux pauvres. Elle est célébrée encore aujourd'hui, suivant une tradition qui se transmet de génération en génération.

(Le livre d'Esther)

Au XVII*e siècle, Racine s'est inspiré de l'histoire d'Esther pour en faire une pièce de théâtre, une tragédie en trois actes, avec chœur, jouée en 1689 par les demoiselles de Saint-Cyr. Mme de Maintenon avait fondé cette maison de Saint-Cyr pour l'éducation des jeunes filles nobles sans fortune.*

1. Pourim : du mot babylonien « pour », qui signifie « le sort ». Aman avait tiré au sort pour savoir quel serait le jour favorable pour massacrer les Juifs.

12. Jonas

Le départ et la tempête

L'histoire de Jonas est celle d'un prophète pas comme les autres.

Le prophète est un messager de la parole divine. Appelé par Dieu d'une manière irrésistible, il va vers le peuple pour le guider et lui reprocher ses fautes ; parfois il lui annonce la punition qui l'attend.

Les prophètes sont nombreux dans la Bible et jouent un rôle important dans l'histoire du peuple hébreu : Moïse est le plus grand, parce qu'il parle directement au Seigneur et Le voit face à face. Samuel consacre les rois. Nathan reproche sa faute à David, puis lui assure le pardon de Dieu. Et il y a encore bien d'autres prophètes : Élie, Élisée, Isaïe, Jérémie, Ézéchiel, pour n'en citer que quelques-uns. Mais Jonas est différent...

Un jour Yahvé s'adressa au prophète Jonas :

— Va à Ninive[1], la grande ville, la pécheresse, dont la mauvaise réputation est montée jusqu'à moi. Va et reproche-lui ses fautes.

Jonas se mit en route, mais pour s'enfuir à l'opposé de Ninive où l'envoyait le Seigneur. Il trouva un bateau en partance pour Tarsis[2], paya son passage et s'embarqua.

Alors, Yahvé déchaîna une tempête, si terrible que le bateau, à tout instant, menaçait de se briser. Les marins épouvantés invoquaient chacun leur dieu, puis ils jetèrent par-dessus bord les marchandises qu'ils transportaient, pour alléger l'embarcation. Jonas, lui, couché au fond de la cale, dormait profondément.

— Que fais-tu là ? lui cria le capitaine. Debout ! Toi aussi, invoque ton dieu ! Qu'il ne nous fasse pas mourir !

1. Ninive était la capitale de l'empire assyrien, détruite en 612 avant Jésus-Christ.

2. Tarsis : ville sur la Méditerranée, mal localisée ; pour les Hébreux, elle signifie le bout du monde.

Les marins voulurent savoir qui était responsable de leur malheur. Ils décidèrent de tirer au sort et le sort tomba sur Jonas.

— Dis-nous pourquoi nous devons subir une tempête pareille ! Que fais-tu dans la vie ?

— Je suis hébreu et j'adore le Dieu qui est dans les cieux et qui a créé la terre et la mer.

Il avoua ensuite qu'il s'était enfui pour ne pas exécuter l'ordre donné par le Seigneur.

— Pourquoi as-tu agi de la sorte ? lui demandèrent les marins. Dis-nous ce qu'il faut faire pour que la tempête s'apaise.

En effet, les vagues devenaient de plus en plus grosses.

— Jetez-moi à l'eau ! Alors la mer se calmera, car c'est moi la cause de cette terrible tempête.

Les hommes ramaient pour tenter de gagner la côte, mais des lames énormes soulevaient le bateau. Ils s'adressèrent à Yahvé :

— Seigneur ! Ne nous fais pas mourir à cause de cet homme ! Ne nous rends pas responsables de sa mort ! Nous sommes innocents ! Lui ne nous a fait aucun mal, c'est toi, Seigneur, qui agis selon ton bon plaisir !

Et ils jetèrent Jonas à l'eau.

Aussitôt la mer s'apaisa. Les marins, pleins de crainte envers Yahvé, lui offrirent un sacrifice.

Dans le ventre du poisson

Or un grand poisson se trouvait là, envoyé par le Seigneur. Il engloutit Jonas, qui demeura trois jours et trois nuits dans son ventre. Du fond de ses entrailles, il adressa à Dieu cette prière :

Dans mon angoisse
J'ai prié Dieu
Et Il m'a répondu.
Du séjour des morts je T'ai imploré
Et Tu as entendu ma voix.
Tu m'as jeté dans l'abîme des eaux,
Les vagues m'enveloppaient,
Toutes tes vagues passaient sur moi.
Je pensais : je suis rejeté,
Seigneur, loin de tes yeux,
Reverrai-je encore
Ton saint Temple ?
Les eaux m'envahissaient
Jusqu'à la gorge,
L'abîme m'entourait,
Les algues se prenaient dans mes cheveux.
J'étais descendu dans les fonds marins
Jusqu'aux racines des montagnes,

Emprisonné à jamais.
Mais du séjour des morts
Tu m'as fait remonter vivant.
Quand ma vie s'évanouissait,
J'ai pensé au Seigneur.
Ma prière est montée vers Toi
Au sein de ton Temple.
Ceux qui s'attachent aux faux dieux
Perdent leur vie.
Moi, je chanterai tes louanges,
Je T'offrirai un sacrifice,
J'accomplirai mon vœu.
Du Seigneur Dieu vient le salut.

Yahvé donna un ordre au poisson, qui rejeta Jonas sur le rivage.

Dans la grande ville

La ville de Ninive a été autrefois une cité splendide, mais elle a été détruite en 612 avant Jésus-Christ. Or le livre de Jonas a été composé au ve siècle avant Jésus-Christ, quand les Juifs sont revenus d'exil : à cette époque, la ville de Ninive n'était plus qu'un lointain souvenir. Il ne faut pas accorder une valeur historique à ce récit. C'est un conte : sous une forme plaisante, il nous montre que Dieu, bienveillant envers Israël, peut l'être aussi envers les autres peuples.

Yahvé s'adressa une seconde fois à son prophète :

— Mets-toi en route pour Ninive, la grande ville, et porte-lui le message que Je t'ai confié.

Jonas obéit. Ninive était une si grande cité qu'il fallait trois jours pour la traverser. Dès la première journée, Jonas annonça aux habitants que leur ville serait détruite quarante jours plus tard et ils le crurent.

Ils se mirent à jeûner et s'enveloppèrent dans des sacs, tous, du plus grand au plus petit. Quand le roi se rendit compte de ce qui se passait, il descendit de son trône, retira son manteau, se couvrit d'un sac et s'assit dans la cendre. Il fit crier par toute la ville :

— Défense aux hommes et aux animaux de rien manger ni de rien boire ! Ordre de revêtir des sacs ! Priez Dieu à voix haute, renoncez à votre mauvaise conduite, à votre violence ! Peut-être le Seigneur renoncera-t-Il alors à sa colère... Peut-être ne nous perdra-t-Il pas !

En effet, en constatant leur repentir, Yahvé s'apaisa et Il revint sur sa promesse d'anéantir la ville.

Jonas en fut profondément déçu.

— Ah ! Seigneur ! Je me doutais de tout cela quand je vivais dans mon pays. Voilà pourquoi je me suis enfui et pourquoi je partais vers Tarsis. Je savais que Tu es un Dieu de pitié, de bonté, toujours prêt à renoncer à la sévérité de ses jugements. À présent, laisse-moi mourir… Meilleure m'est la mort que la vie !

— Crois-tu bien faire de te fâcher ainsi ? lui demanda Yahvé.

Jonas s'installa dans une cabane, à la sortie de la cité. Il voulait savoir ce qu'il allait se passer.

Dieu avait fait pousser au-dessus de sa tête un grand ricin[1] pour le protéger du soleil et le guérir de sa mauvaise humeur et Jonas se sentait heureux à l'ombre de cet arbre.

Mais le lendemain, au point du jour, Dieu envoya un ver qui piqua le ricin, si bien que celui-ci se dessécha. Il fit souffler un vent brûlant, venu de l'Orient, et Jonas ne put échapper à l'ardeur du soleil. Il défaillait en gémissant :

— La mort me serait préférable… Plutôt mourir que vivre de la sorte !

— As-tu raison de te fâcher à cause de ce ricin ? demanda le Seigneur.

— Oui, j'ai raison !

— Tu es plein de pitié pour un ricin dont tu ne t'es jamais occupé, que tu n'as pas fait croître, qui est né une nuit et mort la nuit suivante… Et Moi, Je

1. Un ricin : une plante à larges feuilles.

n'aurai pas pitié de Ninive, une ville où vivent plus de cent vingt mille personnes, avec des enfants qui ne savent pas distinguer leur main gauche de leur main droite, sans compter d'innombrables animaux !

(Le livre de Jonas)

Dans les Évangiles, Jésus-Christ fera allusion à plusieurs reprises à l'histoire de Jonas. Comme Jonas dans le ventre du poisson, Jésus-Christ restera enfermé trois jours dans le tombeau avant de ressusciter. Et comme le message de Yahvé dans ce conte, le message du Christ, s'adressant à tous les peuples de la terre, a une portée universelle.

Le Nouveau Testament

13. La naissance et l'enfance de Jésus

L'Annonciation

Dans l'Ancien Testament, les prophètes ont annoncé au peuple d'Israël la venue d'un Messie. Le Messie est l'envoyé de Dieu – « Christ » est la traduction grecque du mot hébreu « messie ».

Au temps de Jésus, la plupart des Juifs se figurent le Messie comme une sorte de roi qui leur permettrait de triompher des Romains occupant le pays. Mais dès l'annonce de sa conception miraculeuse, Jésus apparaît comme le Fils de Dieu ; il ne sera ni un chef politique, ni un guerrier ; il régnera sur les esprits et sur les cœurs : son pouvoir sera religieux.

Il y avait à Nazareth, en Galilée[1], une jeune fille vierge[2] nommée Marie. Elle était fiancée à Joseph, un homme de la descendance du roi David, mais elle ne vivait pas avec lui.

L'ange Gabriel, envoyé par Dieu, entra chez elle et lui dit :

— Réjouis-toi, Marie, toi qui as la faveur de Dieu, le Seigneur est avec toi.

Marie, bouleversée, se demandait ce que ces mots signifiaient.

— Rassure-toi, Marie, continua l'ange, tu as trouvé grâce auprès de Dieu. Tu vas concevoir et donner naissance à un fils, que tu nommeras Jésus[3]. Il sera grand, on l'appellera Fils du Très-Haut. Le Seigneur Dieu lui donnera le trône de David, son père[4]. Il régnera sur la maison de Jacob[5] et son règne n'aura pas de fin.

Marie répondit :

— Comment cela se pourra-t-il puisque je ne vis pas avec un homme ?

— L'Esprit Saint viendra sur toi et la puissance du Très-Haut te couvrira de son ombre. C'est

1. La Galilée est une province du nord de la Palestine.

2. Vierge : qui n'a jamais eu de relations sexuelles.

3. Jésus : en hébreu, signifie « Dieu sauve ».

4. « Fils de David » est le titre donné au Messie attendu par les Juifs.

5. La maison de Jacob : le peuple d'Israël.

pourquoi l'enfant sera saint et appelé Fils de Dieu. Et voici qu'Élisabeth, ta cousine, vient, elle aussi, de concevoir un fils ; elle en est à son sixième mois, elle qui est vieille et qu'on disait stérile. Car rien n'est impossible à Dieu.

Marie dit alors :

— Je suis la servante du Seigneur. Qu'il en soit fait comme tu l'as dit.

Luc, 1, 26 à 38

La Visitation

En ces jours-là, Marie partit en hâte vers le haut pays, dans les montagnes de Judée[1]. Elle entra chez Zacharie, le mari d'Élisabeth, et salua sa cousine.

Dès que celle-ci eut entendu la voix de Marie, l'enfant qu'elle portait bondit dans son sein. Élisabeth poussa un cri et s'exclama :

— Tu es bénie entre les femmes et béni le fruit de ton sein ! Comment est-ce possible que vienne à moi la mère de mon Seigneur ? Dès que tu as parlé,

1. La Judée est une province du sud de la Palestine, dont la capitale est Jérusalem. C'est une région montagneuse.

l'enfant que je porte a tressailli de joie. Bienheureuse celle qui a cru, car ce qui lui a été promis par Dieu s'accomplira !

Marie répondit[1] :

Mon âme glorifie le Seigneur

Et mon esprit s'est rempli d'allégresse grâce à Dieu, mon Sauveur,

Parce qu'Il a jeté les yeux sur son humble servante.

Oui, désormais toutes les générations m'appelleront bienheureuse,

Car le Tout-Puissant a fait pour moi de grandes choses.

Saint est son nom,

Sa bonté s'étend d'âge en âge sur ceux qui le craignent,

Il a montré la force de son bras,

Il a dispersé les hommes pleins d'orgueil,

Il a renversé les puissants de leurs trônes, Il a élevé les humbles,

Il a comblé de biens ceux qui avaient faim et renvoyé les riches les mains vides,

Il a secouru Israël, son serviteur, se souvenant de sa bonté,

Comme Il l'avait promis à nos pères,

1. Le cantique de Marie s'inspire de nombreux passages de l'Ancien Testament. On le nomme le *Magnificat,* du premier mot de sa traduction en latin.

En faveur d'Abraham et de sa descendance pour toujours.

Marie demeura chez Élisabeth environ trois mois, puis elle retourna chez elle.

Luc, 1, 39 à 56

La naissance de Jésus et l'adoration des bergers

Depuis que le monde antique est devenu chrétien, on compte les années à partir de la naissance de Jésus. Mais on a fait une erreur de calcul : Jésus est né probablement entre 6 avant Jésus-Christ et 4 avant Jésus-Christ.

Quant à la date de Noël, le 25 décembre, elle n'est pas indiquée dans les Évangiles. On l'a fixée à Rome, au IVe siècle après Jésus-Christ, pour qu'elle coïncide avec une fête païenne du Soleil.

Un édit de l'Empereur romain César Auguste parut en ce temps-là. Il ordonnait le recensement du monde entier. Chacun devait se faire inscrire dans sa ville[1]. Aussi Joseph monta-t-il en Judée, à

1. Il s'agit de la ville où est né l'ancêtre dont chaque Israélite descend.

Bethléem, la ville de David son ancêtre, afin de s'y faire inscrire avec Marie, son épouse enceinte.

Or, pendant qu'ils étaient là, le jour où elle devait accoucher arriva. Elle mit au monde son fils premier-né, l'enveloppa de langes et le coucha dans une crèche[1], parce qu'il n'y avait pas de place pour elle ni pour Joseph dans les auberges de la ville.

Des bergers dans la campagne veillaient la nuit, à tour de rôle, pour garder leurs troupeaux. L'ange du Seigneur leur apparut, la gloire du Seigneur les enveloppa de lumière ; ils furent saisis de frayeur.

— Rassurez-vous, leur dit l'ange. Je vous annonce une bonne nouvelle, qui donnera une grande joie à tout votre peuple : aujourd'hui, dans la ville de David, un Sauveur vous est né, le Christ Seigneur. Vous le reconnaîtrez à ceci : c'est un nouveau-né, enveloppé de langes, couché dans une crèche.

Et tout à coup l'ange fut rejoint par une troupe céleste, qui chantait les louanges de Dieu :

Gloire à Dieu au plus haut des cieux
Et paix sur la terre à ceux qu'Il aime !

Lorsque les anges les eurent quittés, les bergers décidèrent d'aller à Bethléem. Ils s'y rendirent en

1. Une crèche est une mangeoire pour les animaux.

hâte et trouvèrent Marie, Joseph et le nouveau-né couché dans la crèche. Ils répétèrent ce qu'ils avaient entendu dire de cet enfant. Puis ils s'en retournèrent, en glorifiant et louant Dieu pour tout ce qui leur avait été annoncé et ce qu'ils avaient vu et entendu.

Huit jours plus tard, quand vint le moment de circoncire l'enfant[1], on lui donna le nom de Jésus : c'était le nom qu'avait indiqué l'ange avant sa conception.

Luc 2, 1 à 21

Les rois mages

Les cadeaux que les Rois mages font à l'enfant Jésus ont une valeur symbolique : ils lui offrent de l'or, comme à un roi, de l'encens, comme à un Dieu, et de la myrrhe comme à un homme, créature mortelle. En effet la myrrhe est une résine aromatique dont on embaumait les morts.

1. La circoncision doit être pratiquée huit jours après la naissance ; c'est à ce moment-là qu'on donne son nom à l'enfant.

Au temps du roi Hérode[1], des mages[2] venus d'Orient arrivèrent à Jérusalem. Ils demandèrent :

— Où est le roi des Juifs qui vient de naître ? Nous avons vu son astre apparaître dans le ciel et nous venons lui rendre hommage.

À cette nouvelle, le roi Hérode fut troublé. Il rassembla les grands prêtres et les scribes[3] pour leur demander où devait naître le Messie.

— À Bethléem, lui répondirent-ils. C'est ce qui est écrit par le prophète.

Hérode dit aux mages :

— Allez et prenez des renseignements sur cet enfant. Quand vous l'aurez trouvé, prévenez-moi, afin que je puisse, moi aussi, lui rendre hommage.

Les mages se remirent en route et voici que l'astre qu'ils avaient vu auparavant avançait devant eux : ils en furent tout joyeux. L'astre s'arrêta au-dessus de l'endroit où se trouvait l'enfant. Les mages entrèrent dans la maison, ils virent l'enfant avec Marie, sa mère, et, tombant à genoux devant lui, ils

1. Il s'agit d'Hérode le grand, celui qui a fait reconstruire le Temple de Jérusalem et qui se considère comme le roi des Juifs.

2. Mages : savants, probablement des astrologues babyloniens.

3. Grands prêtres et scribes sont des personnages importants dans la religion juive et peuvent jouer un rôle politique.

se prosternèrent. Puis ils ouvrirent leurs coffrets et lui offrirent de l'or, de l'encens et de la myrrhe.

Après quoi, un songe les ayant avertis de ne pas retourner chez Hérode, ils rentrèrent dans leur pays en prenant un autre chemin.

Matthieu, 2, 1 à 12

La fuite en Égypte et le massacre des Innocents

Après leur départ, l'ange du Seigneur apparut en songe à Joseph et lui dit :

— Lève-toi, prends l'enfant et sa mère et fuis en Égypte. Restes-y jusqu'à ce que je t'avertisse : Hérode va chercher l'enfant pour le faire mourir.

Joseph se leva et partit dans la nuit en Égypte, avec l'enfant et sa mère.

Hérode, comprenant que les mages l'avaient trompé, entra en fureur. Il fit tuer, dans Bethléem et dans les environs, tous les enfants de moins de deux ans. Ainsi s'accomplit la prédiction du prophète Jérémie :

Dans Rama une voix s'est fait entendre
Qui sanglote et se lamente :

C'est Rachel, pleurant ses enfants.
Elle ne veut pas qu'on la console
Car ils ne sont plus vivants.[1]

Quand Hérode mourut, Joseph revint en Israël avec l'enfant et sa mère. Mais comme le fils d'Hérode régnait en Judée, il se retira en Galilée, dans la ville de Nazareth.

Matthieu, **2**, 13 à 23

Cependant l'enfant grandissait, se développait et croissait en sagesse, et la grâce de Dieu reposait sur lui.

Et sa mère gardait fidèlement tous ces souvenirs en son cœur.

Luc, **2**, 40 et 51

1. Dans l'Ancien Testament, Rachel, la femme de Jacob, la mère de Joseph et de Benjamin, se lamente sur le sort de ses enfants morts. Son tombeau se trouve à Rama, au nord de Jérusalem.

14. La vie publique de Jésus

Le baptême de Jésus et la Tentation au désert

Jean le Baptiste[1] prêchait dans le désert de Judée. Il portait un manteau de poils de chameau et une ceinture de cuir et il se nourrissait de sauterelles et de miel sauvage. Il baptisait dans les eaux du Jourdain ceux qui venaient à lui en confessant leurs péchés.

— Je vous baptise dans l'eau pour que vous vous repentiez, leur disait-il. Mais celui qui vient après moi est plus puissant que moi : je ne suis pas digne

1. Jean le Baptiste ou Jean-Baptiste : le fils d'Élisabeth, le cousin de Jésus.

de délier les courroies de ses sandales. Lui vous baptisera dans l'Esprit Saint et dans le Feu[1].

Jésus vint de Galilée pour être baptisé par Jean. Et quand il sortit de l'eau, les cieux s'ouvrirent et l'Esprit de Dieu descendit au-dessus de lui sous la forme d'une colombe, tandis qu'une voix venue du ciel disait :

— Celui-ci est mon Fils bien-aimé, celui qui a toute ma faveur.

Ensuite Jésus fut conduit par l'Esprit au désert, pour être tenté par le diable. Il jeûna pendant quarante jours et quarante nuits ; après quoi, il eut faim.

Le tentateur[2] s'approcha et lui dit :

— Si tu es le Fils de Dieu, ordonne que ces pierres deviennent des pains.

Jésus répondit :

— L'homme ne vit pas seulement de pain, mais de la parole de Dieu.

Le diable l'emmena sur le toit du Temple de Jérusalem et lui dit :

— Si tu es le Fils de Dieu, jette-toi en bas, car il est écrit[3] : « Il donnera des ordres à ses anges, qui le porteront dans leurs mains. »

Jésus répondit :

1. Le Feu : il s'agit du feu qui purifie ceux qui ont péché. Bien sûr, Jean le Baptiste parle de Jésus.

2. Le tentateur : le diable, ou Satan.

3. C'est écrit dans la Bible. « Il » désigne Dieu.

— Il est aussi écrit : « Tu ne tenteras pas le Seigneur, ton Dieu. »

Le diable l'emmena encore au sommet d'une très haute montagne, pour lui montrer tous les glorieux royaumes du monde et il lui dit :

— Je te donnerai tout cela si tu tombes à mes pieds et m'adores.

Jésus répondit :

— Va-t'en, Satan ! Car il est écrit : « C'est le Seigneur Dieu que tu adoreras, à Lui seul tu rendras un culte. »

Alors le diable s'en alla. Et les anges s'approchèrent et servirent Jésus.

Matthieu, 3, 1 à 17 et 4, 1 à 11

Jean le Baptiste est bientôt emprisonné par Hérode Antipas, le fils d'Hérode le Grand, qui règne sur la Galilée. Jean le Baptiste lui reproche d'avoir répudié sa femme pour épouser Hérodiade, la femme de son frère, et il le poursuit de ses reproches depuis sa prison. Pourtant, Hérode considère Jean comme un juste et aime à converser avec lui.

Au cours d'un banquet, la fille d'Hérodiade, Salomé, danse pour Hérode ; elle lui plaît et il s'engage, devant tous les convives, à lui donner tout ce qu'elle demandera. Poussée par sa mère, elle réclame la tête de Jean le Baptiste sur un plat. Hérode s'en attriste, mais il n'ose refuser et fait décapiter Jean.

Cet épisode a inspiré, au cours des siècles, de nombreux écrivains, peintres et musiciens.

Les premiers disciples

Ayant appris l'arrestation de Jean, Jésus regagna la Galilée et séjourna à Capharnaüm, au bord du lac de Tibériade. Il se mit à prêcher. Il proclamait la Bonne Nouvelle :

— Le royaume de Dieu est proche, repentez-vous de vos péchés.

Comme il longeait le lac, il aperçut deux frères, deux pêcheurs, Simon – qu'il appela ensuite Pierre – et André. Ils lançaient l'épervier[1] dans l'eau. « Venez avec moi, leur dit-il. Et vous deviendrez pêcheurs d'hommes » et ils le suivirent.

Un peu plus loin, il vit deux autres frères, Jacques et Jean, en train d'arranger leurs filets dans leur barque, avec leur père Zébédée. Jésus les appela et, laissant là leur barque et leur père, ils le suivirent.

Matthieu, 4, 18 à 21

1. L'épervier : filet conique garni de plomb, qu'on lance dans l'eau pour attraper le poisson. Encore utilisé aujourd'hui.

Jésus sera suivi par bien d'autres disciples. Ainsi, un jour, il voit un homme assis au bureau des taxes, Matthieu. Il lui dit : « Suis-moi » et Matthieu le suit.

Les disciples de Jésus sont des hommes d'humble condition, comme les pêcheurs, ou mal considérés, comme les collecteurs d'impôts, qu'on accuse d'être des voleurs. Non seulement Jésus ne les méprise pas, mais il les traite familièrement – ce que certains Juifs lui reprocheront.

Parmi ses nombreux disciples, Jésus en choisit douze : entre autres, Simon-Pierre, André, Jacques, Jean, Matthieu, Thomas... et Judas, qui le trahira. Ils accompagnent Jésus et, plus tard, seront envoyés en mission pour faire connaître son enseignement. Ce sont les douze apôtres, appelés parfois simplement « les Douze ». « Apôtre » vient du grec et signifie « envoyé ».

Les noces de Cana

Quelque temps après, il y eut une noce à Cana, en Galilée, et la mère de Jésus y était. Jésus fut aussi invité, ainsi que ses premiers disciples.

Au cours du repas, le vin manqua. La mère de Jésus le prévint :

— Ils n'ont plus de vin.

— Que me veux-tu, femme ? répondit-il. Mon heure n'est pas encore venue !

Mais sa mère s'adressa aux serviteurs.

— Faites tout ce qu'il vous dira.

Il y avait là six jarres de pierre et Jésus dit aux serviteurs : « Remplissez-les d'eau. » Ils les remplirent jusqu'au bord. « Maintenant puisez et portez-en au maître du repas[1]. »

Celui-ci goûta l'eau changée en vin. Il en ignorait la provenance et déclara au marié :

— D'habitude on sert le bon vin en premier et quand les gens sont gais, le moins bon... Toi, tu as gardé le bon vin pour la fin !

Tel fut le premier miracle accompli par Jésus et ses disciples crurent en lui.

Jean, 2, 1 à 11

Le sermon sur la montagne

Le discours que Jésus va adresser à la foule commence par une liste des Béatitudes (du latin « beatus »*,*

1. Le maître du repas est celui qui organise le repas de noce et veille à son bon déroulement.

c'est-à-dire « béni ») : Jésus cite les hommes que Dieu a en sa faveur. Il propose ainsi un idéal de vie à réaliser pour devenir disciple du Christ.

Jésus parcourait la Galilée. Il enseignait dans les synagogues[1]. Il guérissait les malades et les infirmes et chassait les démons du corps des possédés, tous les jours, même le jour du Sabbat[2]. Une foule immense le suivait, des gens venus de toute la Galilée, de la Judée, de Jérusalem, et des régions à l'est du Jourdain.

Voyant la foule, Jésus monta sur la montagne. Il s'assit, ses disciples à côté de lui, et il prit la parole pour enseigner la foule.

— Heureux les pauvres en esprit, car le royaume des Cieux est à eux.

Heureux les doux : ils auront la terre en partage.

Heureux ceux qui pleurent : ils seront consolés.

Heureux ceux qui ont faim et soif de la Justice : ils seront rassasiés.

Heureux les miséricordieux : ils obtiendront miséricorde[3].

Heureux les cœurs purs : ils verront Dieu.

1. Synagogues : lieux de prière et de réunion des Juifs, centres d'enseignement.

2. Selon la loi juive, tout travail est interdit le jour du Sabbat ; on ne soigne les malades que s'ils sont en danger de mort.

3. Miséricorde : pardon accordé à quelqu'un qui a mal agi envers vous.

Heureux ceux qui font œuvre de paix : ils seront appelés fils de Dieu.

Heureux ceux qui sont persécutés pour la justice : le royaume des Cieux est à eux.

Heureux lorsqu'on vous insulte, on vous persécute, on vous calomnie à cause de moi. Soyez dans la joie et dans l'allégresse : votre récompense sera grande dans les cieux. C'est ainsi qu'ont été persécutés les prophètes qui vous ont précédés...

Tel est le début du long discours de Jésus ce jour-là.

Quand il eut achevé son discours, la foule demeura frappée d'étonnement : car il enseignait en homme qui possède l'autorité et non comme les scribes[1].

Matthieu, 5, 1 à 11 et 7, 28-29

1. Les scribes sont les spécialistes de la Loi, écrite et orale. Pour eux, seule compte la tradition. Ils jouent un rôle important dans la communauté juive.

La parabole du semeur

Jésus se sert souvent de paraboles pour délivrer son message. Ce sont de petites histoires en rapport avec la nature et la vie quotidienne en Palestine, destinées à faire réfléchir ceux qui les écoutent, à leur faire comprendre ce nouvel enseignement. Jésus n'a pas inventé le genre de la parabole : on en trouve plusieurs dans l'Ancien Testament. Mais les disciples ne saisissent pas toujours le sens de ces récits et ont besoin d'explications.

Un jour que Jésus enseignait au bord de la mer[1], la foule était si nombreuse qu'il alla s'asseoir dans une barque, sur l'eau, les gens étant massés en face de lui sur le rivage.

— Écoutez ! Voici que le semeur est sorti pour semer. Du grain est tombé sur le bord du chemin ; les oiseaux sont venus et ont tout mangé. Il en est tombé sur un sol pierreux, sans beaucoup de terre ; le grain a levé, mais quand le soleil est monté dans le ciel, le grain, n'ayant pas de racines, a brûlé et

1. Il s'agit du lac de Tibériade, qu'on appelle aussi Mer de Galilée.

séché. Il en est aussi tombé dans les épines, qui l'ont étouffé. D'autres grains sont tombés dans la bonne terre : ils ont donné du fruit, ils ont produit trente, ou soixante, ou cent pour un !

« Que celui qui a des oreilles pour entendre entende !

Quand Jésus s'en alla à l'écart, loin de la foule, les Douze lui demandèrent le sens de la parabole.

— Vous ne comprenez pas ! Alors comment comprendrez-vous les autres paraboles ?

« Eh bien voici : le semeur sème la Parole de Dieu. Ceux qui sont au bord du chemin l'ont entendue, mais Satan est venu et la leur a enlevée. De même ceux qui sont sur un sol pierreux : ils reçoivent la Parole avec joie, mais ils n'ont pas de racines, ce sont les hommes d'un moment. Que vienne le malheur ou la persécution à cause de la Parole, ils succombent. D'autres reçoivent la semence dans les épines : les soucis du monde, la fascination de la richesse et d'autres préoccupations ont étouffé la Parole, qui n'a pu donner de fruit. Et voici ceux qui se trouvent dans la bonne terre, bien ensemencée : ils écoutent la Parole, l'accueillent et portent du fruit, trente, soixante ou cent pour un.

Marc, 4, 13 à 20

La tempête

Mais Jésus ne se contente pas de parler, il accomplit aussi des miracles, plongeant ses disciples dans l'admiration et dans la crainte.

Ce même jour, le soir venu, Jésus dit à ses disciples : « Passons sur l'autre rive. » Quittant la foule, ceux-ci l'emmenèrent dans la barque où il se trouvait ; il y avait aussi d'autres barques. Survint alors une forte bourrasque, les vagues se jetaient dans l'embarcation qui se remplissait d'eau. Jésus dormait, à l'arrière, sur un coussin.

Ses disciples le réveillèrent : « Maître ! Cela t'est égal que nous mourions tous ? » Jésus, réveillé, menaça le vent et dit à la mer : « Silence ! Calme-toi ! » et le vent tomba et la mer se calma. « Pourquoi donc avez-vous eu si peur ? demanda-t-il à ses disciples. Vous n'avez pas de foi ? »

Ceux-ci furent saisis d'une grande crainte et ils se disaient : « Qui donc est-il, puisque même le vent et la mer lui obéissent ! »

Marc, 4, 35 à 41

L'enseignement de Jésus

Si Jésus reprend certaines règles de la Loi juive, telles qu'elles sont exposées dans l'Ancien Testament, son enseignement est profondément novateur.

Réconciliez-vous avec vos adversaires, aimez vos ennemis. Ne vous préoccupez pas de votre subsistance, faites confiance à Dieu, Il y pourvoira. Acceptez la pauvreté : nul ne peut servir deux maîtres, Dieu et l'argent.

Renoncez à vos biens, quittez votre famille pour suivre Jésus.

— Si quelqu'un veut venir à ma suite, qu'il se renie lui-même, qu'il se charge de sa croix et qu'il me suive. Qui veut sauver sa vie la perdra, mais celui qui perd sa vie à cause de moi la trouvera.

Pierre lui dit :

— Eh bien nous, nous avons tout quitté et nous t'avons suivi. Quelle sera notre part ?

— En vérité, répondit Jésus, quiconque aura quitté maisons, frères, sœurs, père, mère, enfants ou champs à cause de moi, recevra le centuple et aura en partage la vie éternelle. Beaucoup de premiers seront derniers et les derniers seront premiers.

Matthieu, 16, 24-25 et **19**, 27 à 30

Le premier commandement

Un jour que Jésus s'entretenait avec ses disciples, un légiste[1] lui demanda, pour l'embarrasser :

— Maître, que dois-je faire pour avoir la Vie éternelle ?

— Qu'y a-t-il d'écrit dans la Loi ? demanda Jésus à son tour. Qu'y lis-tu ?

— Tu aimeras le Seigneur ton Dieu de tout ton cœur, de toute ton âme, de toute ta force et de tout ton esprit. Et ton prochain comme toi-même.

— Tu as bien répondu. Fais cela et tu auras la Vie.

Mais lui, voulant justifier sa question, demanda encore :

— Qui est mon prochain ?

1. Un légiste, comme un scribe, est chargé d'expliquer et d'enseigner la Bible.

Le bon Samaritain

Les prêtres, comme les lévites, sont chargés du service du Temple. On pourrait attendre d'eux un geste charitable.

Un Samaritain est un habitant de la Samarie, province centrale de la Palestine. Les Samaritains n'ont pas la même façon de comprendre la religion que les Juifs ; ceux-ci les détestent et les méprisent.

Alors Jésus raconta :

— Un homme, qui descendait de Jérusalem à Jéricho, tomba sur des brigands qui, après l'avoir dépouillé et roué de coups, s'en allèrent, le laissant à demi mort. Un prêtre, par hasard, descendait par ce chemin : il vit l'homme, passa de l'autre côté de la route et s'en fut. Un lévite arriva aussi en ce lieu ; et il agit de même. Mais un Samaritain, qui était en voyage, vint près de l'homme, le vit et fut touché. Il s'approcha de lui, banda ses plaies et versa dessus de l'huile et du vin[1]. Puis il le chargea sur sa propre monture, le conduisit à l'auberge et le soigna. Le

1. De l'huile pour soulager et du vin pour désinfecter.

lendemain, il donna à l'aubergiste deux pièces d'argent en lui disant : « Prends soin de cet homme et si tu dois dépenser davantage, je te rembourserai quand je repasserai. »

« Lequel des trois, à ton avis, demanda Jésus au légiste, s'est montré le prochain de celui qui était tombé aux mains des brigands ?

Le légiste répondit :

— C'est celui qui a fait preuve de bonté envers cet homme.

Jésus lui dit :

— Va et, toi aussi, fais de même.

Luc, 10, 25 à 37

La guérison de la fille de Jaïre

Jésus est le plus souvent entouré par une foule nombreuse que son enseignement intéresse et qui attend de lui des miracles.

Jésus, qui avait pour un temps quitté la Galilée, fut accueilli par la foule à son retour : tous l'attendaient.

Un homme survint et tomba à ses pieds : c'était Jaïre, le chef de la synagogue, et sa fille unique, âgée de douze ans, était en train de mourir. Il supplia

Jésus de venir chez lui. Tandis qu'il s'y rendait, la foule le serrait à l'étouffer.

Il y avait là une femme qui souffrait d'une perte de sang depuis douze ans et que personne n'avait pu guérir. Elle s'approcha de Jésus, par-derrière, et toucha la frange de son manteau. À l'instant même, son hémorragie s'arrêta. Jésus demanda :

— Qui m'a touché ?

— Ce n'est pas nous, Maître ! Ce sont les gens qui te pressent et t'écrasent ! s'exclama Pierre.

— Non, quelqu'un m'a touché. J'ai senti comme une force sortir de moi.

La femme alors, toute tremblante, se jeta aux pieds de Jésus et, devant la foule, raconta tout.

— Ma fille, lui dit-il, ta foi t'a sauvée. Va en paix.

À ce moment, quelqu'un arriva de la maison de Jaïre pour annoncer à celui-ci que sa fille était morte ; ce n'était pas la peine que le Maître se dérange. Jésus, qui avait entendu, dit à Jaïre :

— Ne crains rien. Si tu crois seulement, elle sera sauvée.

Quand il s'approcha de la maison, il ne laissa personne entrer avec lui, si ce n'est Pierre, Jean et Jacques et les parents de l'enfant. À l'extérieur, tous pleuraient et se lamentaient.

— Ne pleurez pas, dit Jésus. Elle n'est pas morte, elle dort.

Ils se moquèrent de lui, car ils savaient qu'elle était morte.

Jésus entra, prit la main de la petite fille et l'appela : « Enfant, lève-toi ! » Aussitôt elle se leva. Jésus alors ordonna qu'on lui donnât à manger et il demanda à ses parents de ne parler à personne de ce qui s'était passé.

Luc, **8**, 40 à 56

La multiplication des pains

Un jour que Jésus voulait se retirer dans un lieu désert, la foule le suivit malgré tout, des gens venus de différentes régions. Il fut pris de pitié pour eux et guérit leurs infirmes et leurs malades.

Quand vint le soir, les disciples lui dirent :

— L'endroit est désert, il est tard. Renvoie ces gens pour qu'ils aillent acheter dans les villages alentour de quoi manger.

— Ce n'est pas nécessaire, répondit Jésus. Donnez-leur à manger vous-mêmes.

— Mais nous n'avons que cinq pains et deux poissons !

— Apportez-les-moi.

Jésus donna l'ordre aux gens de s'asseoir sur l'herbe. Il prit les pains et les poissons et, levant son regard vers le ciel, les bénit. Puis il rompit les pains, les donna aux disciples qui les distribuèrent à la foule. Tous en mangèrent et furent rassasiés et il resta assez de morceaux pour en remplir douze paniers.

Or il y avait là environ cinq mille hommes, sans compter les femmes et les enfants.

Matthieu, 14, 13 à 21

À Nazareth

Il y a cependant un endroit où Jésus est mal accueilli : c'est Nazareth, la ville où il a passé son enfance. Comme le dit le proverbe : nul n'est prophète en son pays.

Jésus se rendit à Nazareth, dans sa patrie. Il alla enseigner dans la synagogue et ceux qui l'écoutaient se demandaient : « D'où lui vient cette sagesse et ce pouvoir de faire des miracles ? N'est-ce pas là le charpentier, le fils de Marie, le cousin de Jacques, Joseph, Jude et Simon ?... » Et cela les scandalisait. « Un prophète n'est méprisé que dans son pays », constata Jésus et il s'étonna de leur manque de foi. Il ne put faire là aucun miracle.

Marc, 6, 1 à 6

La prière

Parfois Jésus s'écarte de la foule et se retire dans la montagne ou le désert, seul ou avec quelques disciples. « Quand vous faites l'aumône, ne le claironnez pas devant vous et quand vous priez, ne le faites pas pour être vus des hommes, déclare-t-il. Adressez votre prière à Dieu dans le secret. »

— Priez ainsi :

Notre Père qui es dans les cieux,
Que ton Nom soit sanctifié
Que ton Règne arrive,
Que ta Volonté soit faite
Sur la terre comme au ciel.
Donne-nous aujourd'hui notre pain quotidien,
Pardonne-nous nos torts
Comme nous avons pardonné à ceux qui avaient des torts envers nous

Et ne nous soumets pas à la tentation,
Mais délivre-nous du Mal.

Matthieu, **6**, 9 à 13

La Transfiguration

À ceux qui le suivent et l'aiment, Jésus révèle sa nature divine : il est le Fils de Dieu.

Jésus demanda un jour à ses disciples :

— Qui suis-je aux dires des gens ?

— Pour les uns, tu es Jean le Baptiste, pour d'autres Élie ou Jérémie ou quelque autre prophète.

— Mais pour vous, insista-t-il, qui suis-je ?

— Tu es le Christ, le Fils du Dieu vivant, répondit Pierre.

Alors Jésus leur recommanda de ne dire à personne qu'il était le Christ.

Matthieu, **16**, 13 à 16

À partir de ce jour, à plusieurs reprises, Jésus leur annonce sa passion, sa mort et sa résurrection. Ils demeurent étonnés et ne comprennent pas bien.

Un autre jour, Jésus prit avec lui Pierre, Jacques et Jean et les emmena à l'écart sur une haute montagne[1].

Et devant eux il fut transfiguré : son visage devint brillant comme le soleil, ses vêtements éblouissants comme la lumière. Et leur apparurent Moïse et Élie[2] qui s'entretenaient avec lui.

Pierre prit la parole :

— Seigneur, cela tombe bien que nous soyons ici. Si tu le veux, je vais dresser trois tentes, une pour toi, une pour Moïse, une pour Élie.

Comme il était en train de parler, une nuée lumineuse les recouvrit et une voix sortit de la nuée, disant :

— Celui-ci est mon Fils bien-aimé, celui qui a toute ma faveur. Écoutez-le.

Effrayés, les disciples tombèrent face contre terre. Mais Jésus s'approcha d'eux, les toucha et leur dit :

— Relevez-vous ! N'ayez pas peur.

Alors, levant les yeux, ils ne virent plus que Jésus seul.

1. D'après la tradition, il s'agit du mont Tabor, au sud-ouest du lac de Tibériade.

2. Élie est considéré comme l'un des plus grands prophètes de l'Ancien Testament. Il a vécu au IXe siècle avant Jésus-Christ, a accompli des prodiges et, au moment de sa mort, a été enlevé au ciel par un char de feu.

En redescendant de la montagne, Jésus leur défendit de parler de cette vision à quiconque avant sa résurrection.

Matthieu, 17, 1 à 9

La guérison d'un sourd-muet

Jésus se déplace constamment, non seulement en Galilée ou, pour de brefs séjours, en Judée, mais aussi hors des frontières juives : sur les bords de la Méditerranée, au nord de la Palestine ou dans la Décapole, un groupe de dix villes à l'est du lac de Tibériade. Parfois il prend une barque ; le plus souvent il marche. Partout il annonce la Bonne Nouvelle et accomplit des miracles. En effet son enseignement s'adresse à tous les hommes, et pas seulement aux Juifs.

Quittant les bords de la Méditerranée, Jésus revint vers la Galilée en passant par la Décapole.

On lui amena un homme sourd, qui, en outre, pouvait à peine parler. Jésus le conduisit à l'écart de la foule, lui mit les doigts dans les oreilles, cracha et lui toucha la langue. Puis, levant son regard vers le ciel, il lui dit : « Ouvre-toi ! » Aussitôt ses oreilles s'ouvrirent, sa langue se délia et il put parler correctement. Jésus lui recommanda de n'en parler à personne. Mais ceux qui l'apprirent, furent impressionnés, s'exclamant : « Il a bien fait toute chose ! Il fait entendre les sourds et parler les muets ! »

Marc, 7, 31 à 37

Les petits enfants

Jésus s'intéresse aussi à ceux qui sont considérés comme des êtres inférieurs dans la société juive : les enfants et les femmes.

On présentait à Jésus des petits enfants pour qu'il les touchât, mais ses disciples les repoussaient en les grondant. Alors Jésus se fâcha et leur dit :

— Laissez venir à moi les petits enfants ! Ne les en empêchez pas, car le royaume de Dieu appartient à ceux qui sont comme eux. En vérité, je vous le dis, qui n'accueille pas le royaume de Dieu comme un enfant n'y entrera pas.

Puis il les embrassa et les bénit.

Marc, 10, 13 à 16

La femme adultère

Jésus protège les femmes contre les injustices et les abus de pouvoir des hommes. Il accepte, au cours d'un repas auquel il est invité, qu'une femme, pécheresse connue dans la ville, s'approche de lui et verse du parfum sur ses pieds, qu'elle essuie de ses longs cheveux. Ses hôtes s'étonnent et s'indignent. « Mais, dit Jésus, parce qu'elle a montré beaucoup d'amour, ses nombreux péchés lui seront pardonnés. »

Cette fois, il va sauver la vie d'une femme condamnée à mort.

Un jour que Jésus se trouvait à Jérusalem, il se mit à enseigner dans le Temple et tout le peuple venait à lui.

Les Pharisiens[1] lui amenèrent une femme surprise en flagrant délit d'adultère[2].

1. Les Pharisiens sont les gardiens de la Loi – la Loi juive selon Moïse – et sont hostiles à Jésus.

2. Elle a été surprise en train de tromper son mari avec un autre homme.

— Maître, demandèrent-ils, Moïse nous a prescrit dans la Loi de lapider[1] ces femmes-là. Qu'en dis-tu ?

Ils lui posaient la question pour lui tendre un piège et pouvoir l'accuser.

Jésus, se baissant, se mit à écrire avec un doigt sur le sol. Comme ils insistaient, il se redressa et leur dit :

— Que celui de vous qui est sans péché lui jette la première pierre !

Et, se baissant à nouveau, il se remit à écrire sur le sol.

À ces mots, ils se retirèrent un à un, les plus âgés d'abord. Jésus resta seul avec la femme. Il se redressa :

— Femme, où sont-ils ? Personne ne t'a condamnée ?

— Personne, Seigneur.

— Moi non plus, je ne te condamne pas. Va et, désormais, ne commets plus de péché.

Jean, **8**, 3 à 11

Un véritable complot se forme contre Jésus. Ses ennemis sont les scribes, les chefs des prêtres, les partisans d'Hérode, toujours prêts à le dénoncer aux autorités romaines, et surtout les Pharisiens.

1. Lapider : lancer des pierres sur le coupable jusqu'à ce qu'il meure.

Les Pharisiens appartiennent à un parti religieux ; pleins de zèle apparent, ils exigent une obéissance rigoureuse à la Loi de Moïse et rejettent tous ceux qui ne vivent pas comme eux.

Jésus les traite d'hypocrites, car leurs actes ne correspondent pas à leurs paroles. Tous ces Juifs occupent une place importante dans la société.

Ils reprochent à Jésus de fréquenter des gens modestes, des étrangers, des pécheurs, de ne pas respecter à la lettre la Loi de Moïse, en particulier d'oser guérir des infirmes le jour du Sabbat. Ils ne reconnaissent pas en lui le Messie, Fils de Dieu, et l'accusent de blasphémer.

Ils attendent une occasion pour s'emparer de lui et le faire condamner.

Jésus est conscient du danger et demeure au-delà du Jourdain.

La résurrection de Lazare

Jésus avait pour amis Lazare et ses deux sœurs, Marthe et Marie, qui habitaient à Béthanie, un petit village de Judée près de Jérusalem.

Lazare tomba malade. Les deux sœurs envoyèrent quelqu'un prévenir Jésus. Il aimait beaucoup Marthe, Marie et Lazare.

Jésus resta encore deux jours à l'endroit où il se trouvait. Puis il dit à ses disciples :

— Allons en Judée.

— Mais, répondirent-ils, il y a peu de temps, les Juifs qui s'y trouvaient voulaient te lapider. Et tu retournes là-bas !

Jésus insista :

— Notre ami Lazare repose. Je vais aller le réveiller.

À son arrivée, Jésus trouva Lazare enseveli depuis quatre jours. Beaucoup de Juifs étaient dans la maison de Marthe et de Marie pour les consoler.

Quand Marthe apprit l'arrivée de Jésus, elle partit à sa rencontre et lui dit :

— Si tu avais été là, mon frère ne serait pas mort. Mais je sais que tout ce que tu demandes à Dieu, Il te l'accorde.

— Ton frère ressuscitera, répondit Jésus.

— Je sais qu'il ressuscitera à la résurrection du Dernier Jour.

— Je suis la Résurrection. Qui croit en moi, même s'il est mort, vivra. Le crois-tu ?

— Oui, je crois que tu es le Christ, le Fils de Dieu, celui qui devait venir en ce monde.

Marthe retourna ensuite auprès de sa sœur Marie, qui était restée assise à la maison. Elle lui dit tout bas : « Le Maître est là, il te demande. » Marie se leva en hâte et alla retrouver Jésus, qui n'était pas encore entré dans le village. Les Juifs qui étaient avec elle la suivirent, croyant qu'elle se rendait au tombeau pour y pleurer.

Dès qu'elle aperçut Jésus, Marie se jeta à ses pieds en lui disant :

— Seigneur ! Si tu avais été là, mon frère ne serait pas mort !

En la voyant sangloter et sangloter les Juifs qui l'accompagnaient, Jésus frémit intérieurement. Plein de trouble, il demanda :

— Où l'avez-vous mis ?

— Seigneur, viens voir !

Et Jésus pleura.

« Comme il l'aimait ! » pensèrent les Juifs.

Jésus se rendit au tombeau, un caveau avec une pierre par-dessus.

— Enlevez la pierre ! ordonna-t-il.

Marthe lui dit :

— Seigneur, il sent déjà : c'est le quatrième jour...

— Ne t'ai-je pas dit que si tu crois, tu verras la gloire de Dieu ?

On enleva donc la pierre.

Alors Jésus leva les yeux au ciel :

— Père, je te rends grâce de m'avoir exaucé[1] ! Je sais bien que tu m'exauces toujours, mais si je parle

1. De m'avoir exaucé : d'avoir fait ce que je t'ai demandé dans ma prière.

ainsi, c'est pour tous ces hommes qui m'entourent, afin qu'ils croient que tu m'as envoyé.

Sur ces mots, il cria d'une voix forte :

— Lazare, viens ici ! Sors !

Le mort sortit, les pieds, les mains liées de bandelettes, le visage enveloppé d'un linge.

Jésus leur dit :

— Déliez-le et laissez-le aller.

À la suite de ce miracle, beaucoup de Juifs crurent en Jésus. Mais certains allèrent trouver les Pharisiens pour leur raconter ce qui s'était passé.

Grands prêtres et Pharisiens se réunirent :

— Si nous le laissons faire, tous croiront en lui et les Romains détruiront notre peuple. Il vaut mieux que lui seul meure, plutôt que de laisser périr notre nation entière.

À dater de ce jour, ils furent décidés à le tuer.

Jean, 11, 1 à 53

15. La mort et la résurrection de Jésus

À Béthanie

La fête de la Pâque approche, une des plus grandes fêtes juives, en mémoire de la sortie d'Égypte du peuple hébreu. Elle a lieu au printemps. On y mange du pain sans levain et l'agneau pascal.

Jésus, qui sait ce qui l'attend à Jérusalem, décide cependant de s'y rendre avec ses disciples.

Six jours avant la Pâque, Jésus se rendit à Béthanie, chez Lazare, qu'il venait de ressusciter des morts. On lui offrit un repas. Marthe servait, Lazare était l'un des convives.

Marie prit un vase plein d'un parfum précieux, elle en frotta les pieds de Jésus[1] et les essuya avec ses cheveux et la bonne odeur se répandit dans toute la maison. L'un des disciples de Jésus, Judas, qui devait le trahir, s'écria :

— Pourquoi n'a-t-on pas vendu ce parfum trois cents deniers, on les aurait donnés aux pauvres !

— Laisse-la ! dit Jésus. Elle a fait cela en pensant au jour où l'on m'ensevelira[2]. Les pauvres, vous les aurez toujours avec vous ; mais moi, vous ne m'aurez pas toujours.

La foule apprit que Jésus était là et vint, pas seulement pour lui, mais aussi pour voir Lazare qu'il avait ressuscité. Les grands prêtres, en l'apprenant, résolurent de tuer aussi Lazare.

Jean, **12**, 1 à 10

1. C'est la coutume en Orient, lorsqu'on invite un voyageur, de lui offrir de quoi se laver les pieds : les Orientaux se déplacent en marchant, pieds nus dans leurs sandales.
2. Les Juifs ont la coutume d'embaumer les morts.

L'entrée à Jérusalem

En approchant de Jérusalem, vers le mont des Oliviers, Jésus envoya deux de ses disciples au village qui était en face.

— Vous y trouverez une ânesse avec son ânon. Détachez-la et amenez-les-moi. Et si l'on vous dit quelque chose, répondez : Le Seigneur en a besoin, mais il vous les renverra vite.

Les disciples obéirent et amenèrent à Jésus les bêtes. Ils jetèrent sur leur dos leurs manteaux et Jésus s'assit dessus. Les gens, dans la foule, étendirent leurs vêtements sur le chemin, d'autres coupaient les rameaux[1] des arbres et en jonchaient le sol. Et ils criaient :

Hosanna[2] au Fils de David !
Béni soit celui qui vient au nom du Seigneur !
Hosanna au plus haut des cieux !

Quand Jésus entra dans Jérusalem, toute la ville fut en effervescence.

1. Les chrétiens commémorent cette entrée triomphale de Jésus le dimanche des Rameaux, huit jours avant Pâques.
2. Hosanna : acclamation de louange en hébreu.

— Qui est-ce ? demandait-on.

— C'est le prophète Jésus, de Nazareth en Galilée !

Matthieu, 21, 1 à 10

Jésus chasse les vendeurs du Temple

Les changeurs fournissent la monnaie à ceux qui viennent prier dans le Temple et les marchands de colombes leur vendent des oiseaux pour les sacrifices. Mais beaucoup, bien loin de prier, en profitent pour faire du commerce et même gagner de l'argent malhonnêtement.

Jésus entra dans le Temple et chassa tous les vendeurs et tous les acheteurs qui s'y trouvaient. Il renversa les tables des changeurs et les sièges des marchands de colombes et leur dit :

— Il est écrit : Ma maison sera appelée maison de prière. Et vous, vous en faites un repaire de brigands !

Puis on lui présenta des aveugles et des boiteux et il les guérit.

Des enfants se mirent à crier :

— Hosanna au Fils de David !

Les grands prêtres et les scribes, indignés, s'approchèrent de Jésus :

— Tu as entendu ce qu'ils disent, ceux-là ?

— Parfaitement, répondit Jésus. N'avez-vous jamais lu ce texte dans la Bible : « Par la bouche des tout-petits et des nouveau-nés, tu t'es préparé des louanges ? »[1]

Puis il les planta là et sortit de la ville pour aller à Béthanie.

Matthieu, **21**, 12 à 17

La Cène

Au cours de la Cène (du latin « cena » : le repas du soir), Jésus partage le pain et le vin avec ses disciples. Les chrétiens reproduisent les gestes de Jésus en souvenir de lui. Pour les catholiques, cette célébration religieuse s'appelle l'Eucharistie : à leurs yeux, le pain et le vin contiennent le corps, le sang et l'âme de Jésus-Christ.

C'est aussi au cours de ce repas pascal que, selon l'évangéliste Jean, Jésus lave les pieds de ses disciples – tâche réservée d'ordinaire aux serviteurs. « Si moi, qui suis votre Seigneur et votre Maître, je vous ai lavé les pieds, leur dit Jésus, vous devez aussi

1. Psaumes 8-3.

vous les laver les uns aux autres, comme je vous en ai donné l'exemple. »

Les disciples préparèrent la Pâque dans une maison de Jérusalem.

Le soir venu, Jésus arriva avec les Douze. Pendant qu'ils mangeaient, celui-ci leur dit :

— En vérité, l'un de vous va me livrer, un de ceux qui mangent avec moi.

Ils en furent profondément attristés et chacun demanda :

— Est-ce moi ?

— C'est l'un de vous ; celui qui plonge avec moi la main dans le plat. Malheureux celui par qui le Fils de l'Homme[1] est livré à ses ennemis ! Il vaudrait mieux pour lui qu'il ne soit pas né !

Pendant le repas, il prit du pain, le bénit, le rompit et le donna à ses disciples en disant :

— Prenez, ceci est mon corps.

Puis il prit une coupe de vin et, après avoir rendu grâce, il la leur donna et ils en burent tous. Il leur dit :

— Ceci est mon sang, le sang de l'Alliance[2], qui va être répandu pour une multitude d'hommes. Je

1. Le Fils de l'Homme : c'est ainsi que se désigne Jésus.

2. Il s'agit, comme dans l'Ancien Testament, de la relation privilégiée – de l'alliance – entre Dieu et les hommes.

ne boirai plus du fruit de la vigne jusqu'au jour où je boirai le vin nouveau dans le royaume de Dieu.

Après avoir chanté les Psaumes[1], ils sortirent pour aller au mont des Oliviers.

Jésus leur dit :

— Vous allez tous succomber à la tentation, car il est écrit : « Je frapperai le berger et les brebis seront dispersées. Mais quand je serai ressuscité, je vous précéderai en Galilée. »

— Même si tous succombent, s'écria Pierre, en tout cas ce ne sera pas moi !

— Je te le déclare, répondit Jésus, toi, aujourd'hui même, cette nuit, avant que le coq ne chante deux fois, tu m'auras renié trois fois.

— Non, non, affirma Pierre, même si je dois mourir avec toi, je ne te renierai pas.

Et tous en disaient autant.

Marc, **14**, 17 à 31

1. Certaines Prières de la Bible étaient chantées après la fin du repas pascal.

À Gethsémani

Jésus se rendit avec eux dans un domaine appelé Gethsémani[1] et leur dit :

— Restez ici pendant que j'irai prier plus loin.

Il prit avec lui Pierre, Jacques et Jean. Comme il commençait à ressentir de la tristesse et de l'angoisse, il leur dit :

— Mon âme est triste à en mourir. Restez ici et veillez avec moi.

Il alla un peu plus loin. Il tomba face contre terre en priant :

— Mon Père, si c'est possible, que cette coupe passe loin de moi ! Pourtant, fais non comme je veux, mais comme toi, tu veux !

Il revint vers ses disciples : ils dormaient. Il dit à Pierre :

— Ainsi, vous n'avez pas eu la force de veiller une heure avec moi ! Veillez et priez pour ne pas succomber à la tentation : l'esprit est ardent mais la chair est faible.

Puis il s'en retourna prier :

1. Gethsémani : lieu situé dans la vallée du Cédron, au pied du mont des Oliviers.

— Mon Père, si cette coupe[1] ne peut passer sans que je la boive, que ta volonté soit faite !

Il revint encore vers ses disciples et les trouva à nouveau endormis, tant leurs paupières étaient pesantes.

Il les laissa, alla prier une troisième fois, retourna vers eux en leur disant :

— Maintenant vous pouvez dormir... Voici venue l'heure où le Fils de l'Homme va être livré aux mains des pécheurs. Allons ! Voici qu'approche celui qui me livre.

Matthieu, **26**, 36 à 46

Arrestation de Jésus

Jésus parlait encore quand arriva Judas avec une troupe nombreuse, envoyée par les grands prêtres et les anciens, armée d'épées et de bâtons. Le traître les avait prévenus :

— Celui que j'embrasserai, c'est lui : arrêtez-le.

Il s'approcha de Jésus et l'embrassa en disant : « Salut, Maître ! » Mais Jésus répliqua : « Mon ami, fais ton travail. » Les gens de la troupe s'avancèrent et, portant la main sur Jésus, ils l'arrêtèrent.

1. La coupe est le symbole de l'amertume et de la souffrance qu'il va éprouver.

Et voici qu'un de ses compagnons tira son épée, frappa un des serviteurs du grand prêtre et lui trancha l'oreille.

— Rengaine ton épée ! s'écria Jésus. Car tous ceux qui brandissent l'épée périront par l'épée ! Crois-tu que je ne puisse faire appel à mon Père, qui mettrait aussitôt à ma disposition plus de douze légions d'anges[1] ? Comment alors s'accompliraient les Écritures[2] ? Et, s'adressant à la troupe : Suis-je un brigand pour que vous ayez besoin de bâtons et d'épées pour vous emparer de moi ? Chaque jour, j'étais assis dans le Temple pour enseigner et vous ne m'avez pas arrêté !

Sur ces entrefaites, les disciples l'abandonnèrent tous et s'enfuirent.

Matthieu, **26**, 47 à 56

Devant Caïphe, le grand prêtre

Le Sanhédrin est l'assemblée qui dirige le peuple juif, sur le plan religieux et administratif. Il joue aussi le rôle de tribunal.

1. Des légions : des troupes.
2. Il s'agit des passages de la Bible qui prédisent la venue d'un Messie, son arrestation et sa mise à mort.

Devant le Sanhédrin, Jésus renonce au secret sur sa nature divine : il avait demandé à ses disciples de garder ce secret. Il affirme cette fois qu'il est bien le Messie, le Fils de Dieu.

Jésus fut amené devant Caïphe, le grand prêtre, au Sanhédrin, là où se réunissaient les scribes et les anciens. Pierre suivait de loin ; il s'assit dans la cour du palais, avec les valets, pour savoir ce qui allait se passer.

Le Sanhédrin cherchait de faux témoignages contre Jésus, pour le faire mourir. Mais il n'en trouvait pas et Jésus se taisait.

Alors, le grand prêtre lui demanda :

— Dis-nous si tu es le Christ, le Fils de Dieu ?

— Tu l'as dit, répondit Jésus. Et vous verrez le Fils de l'Homme s'asseoir à la droite du Tout-Puissant et venir sur les nuées du ciel.

À ces mots, le grand prêtre déchira ses vêtements et s'exclama :

— Il a blasphémé ! Nous n'avons plus besoin de témoins. Avez-vous entendu le blasphème ?

Et tous répondirent :

— Il mérite la mort !

Alors, ils lui crachèrent dessus et le giflèrent ; d'autres lui donnèrent des coups en disant :

— Fais le prophète, Christ, dis-nous qui t'a frappé !

Matthieu, **26**, 57 à 68

Reniement de Pierre

Pierre était assis dans la cour. Une servante s'approcha de lui :

— Toi aussi, tu étais avec Jésus de Galilée.

— Je ne sais pas ce que tu veux dire, répondit Pierre.

Comme il se dirigeait vers le portail, une autre servante l'aperçut et dit aux gens qui l'entouraient : « Celui-là était avec Jésus de Nazareth. » Pierre nia, affirmant qu'il ne connaissait pas cet homme.

Un peu plus tard, d'autres personnes vinrent près de lui et remarquèrent : « Tu es des leurs, toi aussi : ton accent te trahit. » Alors il s'emporta, proféra des jurons, répétant qu'il ne connaissait pas cet homme.

À ce moment, le coq chanta et Pierre se souvint des paroles de Jésus. Et il sortit de la cour en pleurant amèrement.

Matthieu, 26, 69 à 75

Jésus devant Pilate

Les Romains seuls ont le droit de faire mettre à mort les Juifs dont ils occupent le pays. C'est pourquoi Jésus est amené devant le gouverneur romain, Ponce Pilate.

Pilate demanda à Jésus :

— Tu es le roi des Juifs ?

— Tu le dis, répliqua Jésus.

Comme les grands prêtres et les anciens continuaient à l'accuser, Jésus ne répondit rien, ce qui surprit le gouverneur. À chaque fête, celui-ci avait l'habitude de libérer un prisonnier, celui que la foule désignait. Or il détenait un célèbre malfaiteur, Barabbas.

— Lequel voulez-vous que je relâche, demanda Pilate, Barabbas ou Jésus ?

(Il savait bien que c'était par jalousie qu'on lui avait livré Jésus.) Les grands prêtres et les anciens persuadèrent la foule de réclamer Barabbas et de perdre Jésus.

— Lequel voulez-vous que je vous relâche ? insista Pilate.

— Barabbas ! cria la foule.

— Que ferai-je donc de Jésus qu'on appelle le Christ ?

— Qu'il soit crucifié !

— Quel mal a-t-il donc fait ?

Et la foule cria plus fort :

— Qu'il soit crucifié !

Voyant qu'il n'aboutissait à rien et que la situation tournait à l'émeute, le gouverneur prit de l'eau et se lava les mains[1], disant :

— Je ne suis pas responsable de son sang. C'est votre affaire.

La foule répondit :

— Que son sang retombe sur nous et sur nos enfants !

Alors Pilate relâcha Barabbas et, après avoir fait flageller Jésus[2], il le leur livra pour qu'il soit crucifié.

Les soldats l'emmenèrent dans le prétoire[3] et ameutèrent sur lui toute la troupe. Ils le déshabillèrent et lui mirent sur le dos un manteau de couleur rouge[4]. Avec des épines ils tressèrent une couronne, qu'ils lui posèrent sur la tête, et dans sa

1. Geste symbolique signifiant qu'il dégage sa responsabilité.

2. La flagellation est un supplice habituel avant la crucifixion.

3. Le prétoire : la résidence d'un gouverneur romain.

4. La couleur rouge évoque la pourpre royale : moquerie envers « le roi des Juifs ».

main ils glissèrent un roseau. Et, s'agenouillant devant lui, ils se moquaient en disant : « Salut, roi des Juifs ! » Ils lui crachèrent au visage et lui prirent le roseau pour le frapper sur la tête.

Quand ils se furent bien moqués de lui, ils lui ôtèrent le manteau, lui remirent ses vêtements et l'emmenèrent pour le crucifier.

Matthieu, 27, 11 à 31

Judas apprend que Jésus a été condamné. Il est pris de remords et veut rendre aux grands prêtres les trois cents pièces d'argent que lui a rapportées sa trahison. Comme les grands prêtres le repoussent, il va se pendre.

La crucifixion

En chemin les soldats prirent un certain Simon de Cyrène, qui revenait des champs, et le chargèrent d'aider Jésus à porter sa croix. Le peuple suivait, ainsi que des femmes qui se frappaient la poitrine et se lamentaient.

Se tournant vers elles, Jésus leur dit :

— Ne pleurez pas sur moi, filles de Jérusalem, mais sur vous et sur vos enfants ! Car le jour viendra où l'on dira : Heureuses les femmes qui n'ont pas enfanté !

On conduisit avec Jésus deux malfaiteurs pour les exécuter avec lui.

Quand on arriva au lieu dit du crâne, le Golgotha, ils furent crucifiés en même temps que lui, l'un à sa droite, l'autre à sa gauche. Jésus dit :

— Mon Père, pardonnez-leur, ils ne savent pas ce qu'ils font.

Pour se partager ses vêtements, on les tira au sort.

Le peuple restait là et regardait. Les chefs ricanaient :

— Il en a sauvé d'autres, qu'il se sauve lui-même s'il est le Christ !

Des soldats s'approchèrent pour lui présenter du vinaigre. Au-dessus de sa tête, on avait mis une pancarte :

— Voici le roi des Juifs.

L'un des malfaiteurs l'insultait.

— N'es-tu pas le Christ ? Sauve-toi toi-même et nous avec !

L'autre le lui reprocha :

— Tu ne crains pas Dieu, toi qui subis la même peine ? Pour nous, c'est justice, nous avons ce que nous méritons. Mais lui, il n'a rien fait de mal ! Et s'adressant à Jésus : Souviens-toi de moi quand tu viendras dans ton royaume !

Jésus répondit :

— En vérité, je te le dis, dès aujourd'hui tu seras avec moi au Paradis !

Luc, **23**, 26 à 43

Près de la croix de Jésus, se tenaient debout sa mère, la sœur de sa mère et Marie de Magdala.

Voyant ainsi sa mère et, à côté d'elle, le disciple qu'il aimait[1], Jésus dit à sa mère : « Femme, voici ton fils. », puis il dit au disciple : « Voici ta mère. »

Et le disciple la prit chez lui à partir de ce jour-là.

Jean, **19**, 25 à 27

Il était déjà presque midi quand le soleil disparut et l'obscurité couvrit le pays tout entier, jusqu'à trois heures de l'après-midi. Le rideau du Temple se déchira par le milieu et Jésus poussa un grand cri :

— Père, je remets mon esprit entre tes mains !

Et il mourut.

À la vue de ce qui s'était passé, le centurion[2] s'exclama :

1. Le disciple que Jésus aimait est l'apôtre Jean.

2. Le centurion : l'officier qui commande une compagnie de cent hommes.

— Sûrement cet homme était un juste !

Et dans la foule, les gens accourus pour assister au supplice s'en allèrent en se frappant la poitrine.

Luc, 23, 44 à 48

C'était la veille du sabbat. Pour que les corps des suppliciés ne restent pas sur la croix durant le sabbat, les Juifs demandèrent à Pilate qu'on leur brisât les jambes[1].

Les soldats brisèrent les jambes des deux malfaiteurs, mais quand ils arrivèrent à Jésus, ils le trouvèrent déjà mort. Ils ne touchèrent pas à ses jambes, mais l'un d'eux, armé d'une lance, lui perça le côté : il en sortit du sang et de l'eau.

Jean, 19, 31 à 34

La mise au tombeau

Le tombeau juif se compose d'une cavité assez vaste, souvent creusée dans le roc, devant laquelle on fait rouler une grosse pierre ronde pour la fermer.

1. On leur brise les jambes pour abréger leur agonie.

Joseph d'Arimathie était un disciple de Jésus, mais il s'en cachait, par crainte des Juifs. Il alla demander au gouverneur romain l'autorisation d'enlever le corps de Jésus. Le gouverneur la lui donna. Nicodème, un autre disciple, vint avec un mélange de myrrhe et d'aloès[1], en grande quantité.

Ils prirent le corps de Jésus et l'entourèrent de bandelettes, avec des aromates, suivant la coutume juive. À l'endroit où Jésus avait été crucifié, se trouvait un jardin et dans celui-ci, un tombeau tout neuf.

C'est là que Jésus fut déposé.

Jean, **19**, 38 à 41

Le tombeau vide

Le premier jour de la semaine, à l'aube, alors qu'il faisait encore sombre, Marie de Magdala se rendit au tombeau. Elle vit que la pierre qui le fermait avait été enlevée. Elle courut trouver Pierre et l'autre disciple, celui que Jésus aimait, et leur dit :

— On a enlevé le Seigneur du tombeau et nous ne savons pas où on l'a mis.

1. La myrrhe est une résine, l'aloès, un parfum, qui servent à embaumer les morts.

Pierre partit avec l'autre disciple. En se penchant, ils virent à l'intérieur du tombeau les bandelettes et le linge qui recouvrait la tête. Mais ils n'avaient pas encore compris que, suivant les Écritures, Jésus devait ressusciter d'entre les morts.

Ensuite ils rentrèrent chez eux.

Jean, 20, 1 à 10

L'apparition à Marie de Magdala

Depuis la Galilée, des femmes suivent Jésus dans ses déplacements ; elles sont à son service et l'aident en lui donnant de leurs biens. Parmi elles, se trouve Marie de Magdala (ou Marie-Madeleine) de laquelle Jésus a chassé sept démons qui la tourmentaient. Elle joue un rôle important : elle se tient auprès de la croix avec Jean et Marie, la mère de Jésus, et elle est la première personne à laquelle il se montre ressuscité.

Marie se tenait près du tombeau et sanglotait. En sanglotant elle se pencha vers l'intérieur du tombeau et vit deux anges, vêtus de blanc, là où se trouvait auparavant le corps de Jésus, l'un à la tête, l'autre aux pieds.

— Femme, pourquoi pleures-tu ? lui demandèrent-ils.

— On a enlevé mon Seigneur et je ne sais où on l'a mis.

À ce moment, elle se retourna et vit Jésus qui se tenait là. Mais elle ne le reconnut pas, et, le prenant pour le jardinier, lui dit :

— Si c'est toi qui l'as emporté, dis-moi où tu l'as mis et j'irai le chercher.

Alors, Jésus lui dit :

— Marie.

Elle le reconnut et répondit :

— Maître !

— Ne me retiens pas ! Car je ne suis pas encore monté vers mon Père. Mais va trouver mes frères et dis-leur que je monte vers mon Père qui est votre Père et vers mon Dieu qui est votre Dieu.

Marie alla donc annoncer aux disciples qu'elle avait vu le Seigneur et elle leur répéta ses paroles.

Jean, 20, 11 à 18

Apparition aux disciples

Le soir de ce même jour, alors que toutes les portes de la maison étaient fermées, par crainte des Juifs, Jésus vint au milieu des disciples et leur dit :

— La paix soit avec vous !

Et il leur montra ses mains et son côté. Les disciples étaient remplis de joie.

Jésus répéta :

— La paix soit avec vous ! Comme mon Père m'a envoyé, à mon tour je vous envoie. Recevez l'Esprit Saint. Ceux à qui vous pardonnerez leurs péchés seront pardonnés. Ceux à qui vous ne les pardonnerez pas, ne le seront pas.

Thomas, l'un des Douze, n'était pas avec eux lorsque Jésus vint. Quand les disciples lui racontèrent que le Seigneur était venu, il répondit :

— Si je ne vois pas sur ses mains la marque des clous et si je ne touche pas la plaie de son côté, je ne croirai pas.

Huit jours plus tard, toutes les portes étant verrouillées, Jésus se tint à nouveau au milieu d'eux. Il s'adressa à Thomas :

— Mets ton doigt ici, sur la marque des clous, et enfonce ta main dans mon côté. Et cesse d'être incrédule, mais deviens un homme de foi !

Thomas s'écria :

— Mon Seigneur et mon Dieu !

Et Jésus ajouta :

— Parce que tu m'as vu, tu as cru. Heureux ceux qui, sans avoir vu, auront cru !

Jean, 20, 19 à 29

Les pèlerins d'Emmaüs

Deux disciples se rendaient à un village nommé Emmaüs, à deux heures de marche de Jérusalem. Ils parlaient de tout ce qui venait de se passer. Or, tandis qu'ils étaient plongés dans leur conversation, Jésus lui-même les rejoignit et fit la route avec eux. Mais ils ne le reconnurent pas.

— De quoi parliez-vous donc ? leur demanda Jésus.

— Tu es bien le seul habitant de Jérusalem qui l'ignore ! répondit l'un d'eux.

Et ils lui racontèrent comment Jésus de Nazareth, un prophète puissant, avait été livré par les grands prêtres, condamné et crucifié.

— Nous espérions qu'il délivrerait Israël... Mais nous voici au troisième jour après sa mort... Il est vrai que des femmes sont allées au tombeau et n'ont pas trouvé le corps... Plusieurs des nôtres y sont allés, ils ont tout trouvé comme les femmes l'avaient dit, mais lui, ils ne l'ont pas vu.

Jésus s'écria :

— Pauvres esprits ! Cœurs lents à croire ce qu'ont annoncé les prophètes ! Ne fallait-il pas que le Christ souffrît pour entrer dans la gloire ?

Et, depuis Moïse, en passant par tous les prophètes, il leur expliqua tout ce qui concernait le Christ dans les Écritures.

Comme ils approchaient du village et que la nuit tombait, les deux disciples l'invitèrent à venir chez eux.

Au cours du repas, il prit du pain, le bénit, le rompit et le leur donna. Alors leurs yeux s'ouvrirent et ils le reconnurent... mais il avait disparu.

Ils se confièrent l'un à l'autre :

— Notre cœur n'était-il pas brûlant au-dedans de nous, quand il nous parlait sur le chemin et nous expliquait les Écritures ?

Ils retournèrent à Jérusalem, ils y trouvèrent les apôtres qui leur dirent :

— C'est bien vrai ! Le Seigneur est ressuscité !

Alors les deux disciples racontèrent ce qui leur était arrivé et comment ils avaient reconnu Jésus quand il avait rompu le pain.

Luc, 24, 13 à 35

Quarante jours après la Pâque, sous les yeux des apôtres, Jésus monte au ciel et bientôt une nuée le cache à leurs yeux : c'est l'Ascension.

Cinquante jours après la Pâque, lors d'une fête juive rappelant le don de la Loi fait par Dieu à

Moïse, les apôtres sont réunis, quand un bruit résonne dans la maison, comme un violent coup de vent. Des langues de feu se posent sur chacun d'eux et ils se mettent à comprendre et à parler les langues étrangères : c'est la Pentecôte.

Quant à Marie, la mère de Jésus, elle aussi est enlevée au ciel par des anges, miraculeusement : c'est l'Assomption.

Les catholiques fêtent l'Ascension quarante jours après la Pâque, la Pentecôte, cinquante jours après, et l'Assomption, le 15 août.

Bibliographie

La Bible de Jérusalem, École biblique de Jérusalem, éditions du Cerf, 1955

La Traduction œcuménique de la Bible, TOB, Le Cerf, 1972, 1975

La Bible, présentation de Yves Bomati, Petits classiques Larousse, 2009

Le Livre de la Bible, présentation de Jacques Musset, Gallimard jeunesse, 2003

Le Peuple hébreu. Entre la Bible et l'Histoire. Mireille Hadas-Lebel, Découvertes Gallimard, 1997

Histoire du peuple hébreu, André Lemaire, Que sais-je ?, PUF, 1981

Cartes

L'Orient Ancien

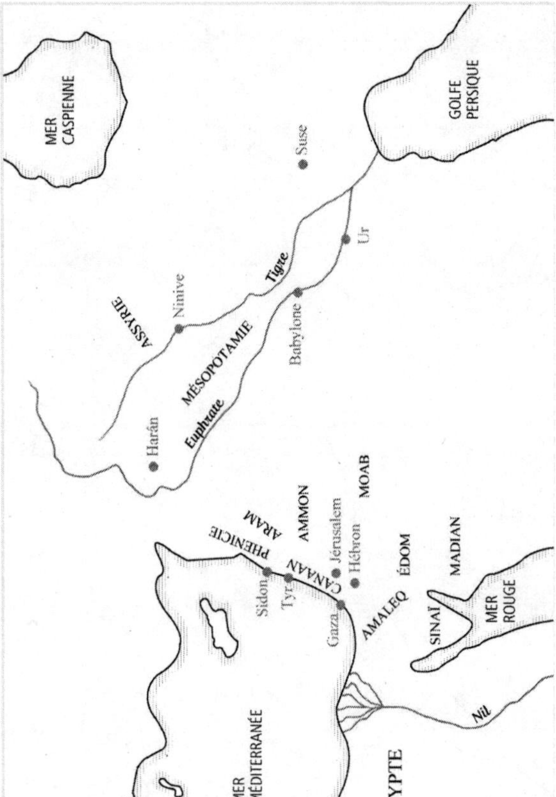

La Palestine (rois)

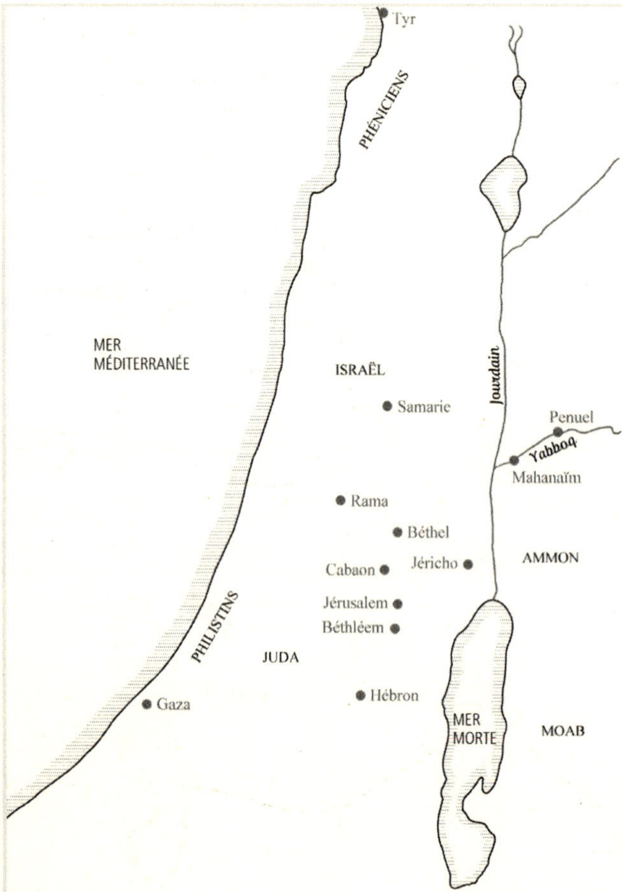

La Palestine (Jésus)

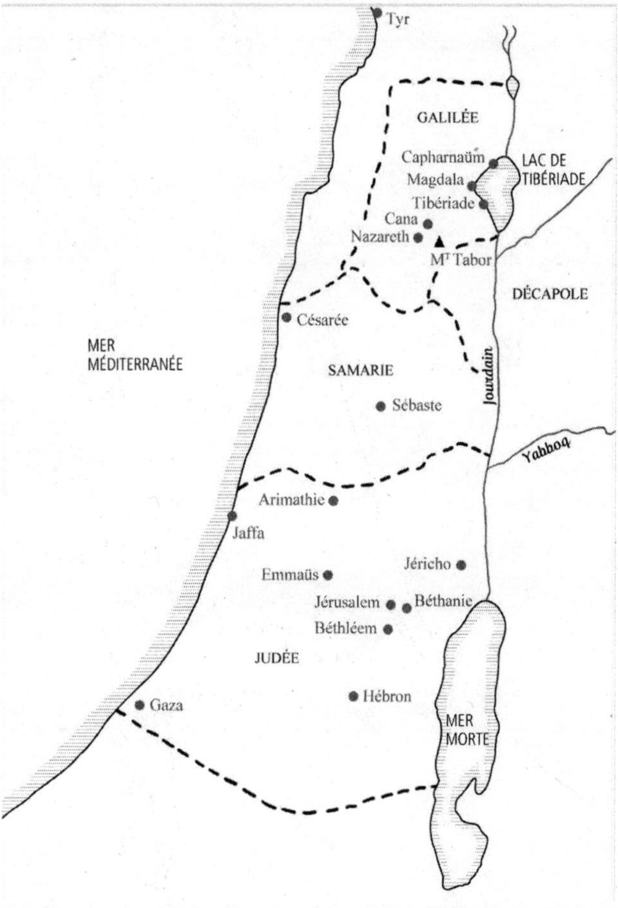

Françoise Rachmuhl

L'auteur aime les contes depuis toujours. Elle aime les écouter dès son enfance lorraine, les inventer, les lire. Plus tard, elle se mettra à en écrire. Au cours de ses nombreux voyages, elle a recueilli récits traditionnels et légendes, dits ou publiés en français ou en anglais (elle a séjourné aux États-Unis). Elle a publié pour la jeunesse une dizaine de recueils de contes de différents pays ou des provinces de France. Après avoir longtemps travaillé dans l'édition scolaire, elle anime actuellement dans des classes des ateliers d'écriture de contes ou de poésie.

Du même auteur :

13 contes et récits d'Halloween
15 contes d'Europe
18 contes de la naissance du monde

16 métamorphoses d'Ovide
18 contes de Cuba
La légende de Tristan et Yseut
15 légendes extraordinaires de dragons
15 contes et légendes des fées
16 nouvelles métamorphoses d'Ovide
13 histoires de vampires
15 récits de sorcières et de revenants

FRÉDÉRIC SOCHARD

L'illustrateur est né en 1966. Après des études aux Arts Décoratifs, il travaille comme infographiste et fait de la communication d'entreprise, ce qui lui plaît beaucoup moins que ses activités parallèles de graphiste traditionnel : création d'affiches et de pochettes de CD. Depuis 1996, il s'auto-édite et vend « ses petits bouquins », de la poésie, sur les marchés aux livres... Pour le plaisir du dessin, il s'oriente désormais vers l'illustration de presse et la jeunesse. Et avec tout ça, il a trouvé le temps de faire plusieurs expositions de peinture.

Table des matières

Le Nouveau Testament

CONTENTES, LÉGENDES ET RÉCITS

Écoutons la voix des conteurs
qui nous font vivre
de fabuleuses histoires.

TITRES DÉJÀ PARUS

Flammarion jeunesse

10 CONTES DES MILLE ET UNE NUITS
Michel Laporte

Il était une fois la fille du grand vizir, Schéhérazade, qui toutes les nuits racontait au prince une nouvelle histoire pour garder la vie sauve. Ainsi, naquirent Ali Baba et les quarante voleurs, La fée Banou ou Le petit bossu... Ces dix contes, aussi merveilleux que célèbres, nous plongent au cœur de l'univers féérique des Mille et Une Nuits.

« Ali Baba entra dans la grotte ; la porte se referma derrière lui, mais cela ne l'inquiétait pas car il savait comment l'ouvrir. Il s'intéressa seulement à l'or qui était dans des sacs. »

Flammarion jeunesse

10 CONTES DU TIBET

Jean Muzi

Dans les hauteurs et sur les plateaux du Tibet, il est possible de croiser au détour d'un chemin monstres sacrés, crapauds réincarnés et autres princes répudiés... Ces récits légendaires ouvrent les portes d'un imaginaire surprenant et poétique, où la sagesse et la ruse tiennent une place essentielle. Dix contes pour faire entendre la voix de la culture tibétaine.

« C'est alors que le crapaud ouvrit la bouche. Et au lieu de son habituel cri métallique, il en sortit de vraies paroles qui émurent tant la vieille femme que des larmes de joie perlèrent sur ses joues ridées. »

Flammarion jeunesse

12 RÉCITS DE L'ILIADE ET L'ODYSSÉE

Homère, adapté par Michel Laporte

Généreux et colériques, fragiles et forts, les héros homériques sont humains ! Douze récits passionnants qui nous plongent au cœur des combats d'Achille et d'Hector, durant la guerre de Troie, et nous font voyager aux côtés d'Ulysse lors de son extraordinaire épopée. Des histoires qui, depuis l'Antiquité grecque, suscitent la même fascination...

« Je reconnais bien là ton cœur de fer. Mais prends garde à la colère des dieux ! Le jour est proche où, si brave que tu sois, tu périras à ton tour ! »

16 MÉTAMORPHOSES D'OVIDE

Françoise Rachmuhl

Ovide nous entraîne aux côtés des divinités et des héros les plus célèbres de l'Antiquité. Jupiter s'affirme en tant que maître du monde, Narcisse adore son propre reflet, Persée multiplie les exploits tandis que Pygmalion modèle une statue plus vraie que nature... Aventure, amour, défis et prouesses, un monde à la fois réaliste et merveilleux s'ouvre à vous.

« Acétès, chargé de chaînes, fut enfermé dans un cachot aux murs épais. Mais tandis qu'on préparait les instruments de son supplice, d'elles-mêmes les chaînes tombèrent, les portes de la prison s'ouvrirent, comme par un tour de magie. »

Flammarion jeunesse

30 CONTES DU VIÊT-NAM

Nguyên-Xuân-Hùng

Pourquoi le tigre a-t-il des rayures ?
Quelle est l'origine des singes aux fesses rouges ?
D'où viennent les moustiques ? Les contes de ce recueil nous transportent des rizières embrumées aux temples cachés dans la jungle, pour nous plonger au cœur d'un mystérieux Viêt-nam. Un merveilleux voyage dans les profondeurs de l'Asie !

« Le buffle, qui assistait à la scène, fut pris d'un fou rire. Il riait en secouant si fortement sa lourde tête qu'il cogna sa mâchoire par terre à s'en casser les dents. »

Flammarion jeunesse

LES ANIMAUX, TOUTE UNE HISTOIRE...

Présenté par Anne de Berranger

Le renard apprivoisé du Petit Prince, la gentille couleuvre de Jean de La Fontaine ou la pauvre chèvre de M. Seguin, ces « héros-animaux » nous donnent bien des leçons ! Une invitation à plonger au cœur de grands textes et à découvrir les aventures extraordinaires de ces animaux qui, en prose ou en vers, nous soufflent leurs secrets...

« La chèvre entendit derrière elle un bruit de feuilles. Elle se retourna et vit dans l'ombre deux oreilles courtes, toutes droites, avec deux yeux qui reluisaient... C'était le loup. »

Flammarion jeunesse

LES DIEUX S'AMUSENT

Denis Lindon

Un précis de mythologie aussi savant que souriant.
Un livre passionnant, drôle et instructif qui permet de découvrir les plus belles histoires du monde : les amours de Jupiter, les travaux d'Hercule, les colères d'Achille, les ruses d'Ulysse... Des récits qui nous font pénétrer dans l'univers extraordinaire de ces drôles de héros !

« Muni de son arc et de sa massue, Hercule se mit à la recherche du lion de Némée et le trouva bientôt. Il tenta d'abord de le tuer à coup de flèches, mais la peau du lion était si épaisse que les flèches n'y pénétraient pas. »

Flammarion jeunesse

ROMANS

Tout un monde de lecture
entre les mains.

TITRES DÉJÀ PARUS

Flammarion jeunesse

Chaân, la rebelle (tome 1)

Christine Féret-Fleury

3 500 ans avant notre ère, au cœur de la Préhistoire... Chaân, une jeune fille éprise de liberté, défie les lois de son peuple en apprenant à chasser en secret. Elle est alors rejetée par tous les habitants du village et par son propre père. Chaân semble prête à tout pour conquérir son indépendance. Mais saura-t-elle surmonter les épreuves qui l'attendent ?

« Non, elle ne laisserait personne l'empêcher de vivre à sa guise. S'il le fallait, elle se battrait. Elle supporterait les pires épreuves... »

Le premier épisode des aventures de Chaân.

Flammarion jeunesse

Claudine de Lyon

Marie-Christine Helgerson

Claudine a onze ans, elle travaille dix heures par jour
dans l'atelier de son père, à tisser de la soie.
Mais cette vie épuise la petite fille
qui tombe gravement malade. Pour guérir, elle part
à la campagne. Claudine veut retrouver la santé
et elle n'a pas envie de retourner à Lyon pour travailler.
Ce qu'elle désire par dessus tout, c'est aller à l'école
et réaliser son rêve : savoir lire, écrire et surtout dessiner.

« J'en ai assez de recevoir des ordres. Je veux choisir pour moi. Je sais bien ce que je ferai : j'irai à l'école, j'apprendrai des tas de choses et je ferai des dessins encore plus beaux que ceux de Carlo. »

Imprimé à Barcelone par:

CPi
BLACK PRINT

Dépôt légal : octobre 2011
N° d'édition : L.01EJEN000471.C003
Loi n° 49-956 du 16 juillet 1949
sur les publications destinées à la jeunesse